Le tournant féminin et féministe de la théologie africaine postcoloniale

Cas des femmes violées en RD Congo

Dieudonné Kibungu Bwanamuloko

Le tournant féminin et féministe de la théologie africaine postcoloniale

Cas des femmes violées en RD Congo

L'Harmattan

5-7, rue de l'École-Polytechnique ; 75005 Paris

http://www.librairieharmattan.com
diffusion.harmattan@wanadoo.fr
harmattan1@wanadoo.fr

ISBN : 978-2-343-11509-2
EAN9782343115092

PRÉFACE DE BENOÎT AWAZI MBAMBI KUNGUA[1]

Pourquoi faut-il imprimer un courant féminin et féministe aux théologies africaines postcoloniales ?

Cet ouvrage est issu d'un mémoire présenté en vue de l'obtention du Diplôme Spécialisé en Catéchèse et Pastorale (à Lumen Vitae-Institut international/Bruxelles) et d'un *Master of Theology and Religious Studies* (à Katholieke Universiteit Leuven, Belgique), soutenu par Dieudonné KIBUNGU BWANAMULOKO, prêtre du diocèse de Kindu, au Centre-Est de la République démocratique du Congo. Son intitulé initial était : « COMMENT DIRE AUJOURD'HUI LA TENDRESSE DE DIEU AUX FEMMES VIOLÉES ET REJETÉES DE LA PAROISSE DE KASESE AU CENTRE-EST DE LA

---

[1] Docteur en Philosophie de l'université Paris IV-Sorbonne (avec une thèse en phénoménologie : *Donation, Saturation et Compréhension. Phénoménologie de la donation et phénoménologie herméneutique : Une alternative ?,* L'Harmattan, Paris, 2005, dirigée par le professeur Jean Luc Marion de l'Académie française) et titulaire d'un DEA en Théologie de l'université de Strasbourg, Benoît AWAZI MBAMBI KUNGUA focalise ses recherches pluridisciplinaires sur la quête d'un leadership éthique, intellectuel, prophétique et réticulaire, pour l'éclosion effective d'une « *Autre Afrique* », celle qui marche, fière, digne et debout, vers l'édification d'un avenir prospère pour ses populations malmenées par la crise économique dite pompeusement « mondiale ». Il est l'actuel président du Centre de Recherches Pluridisciplinaires sur les Communautés d'Afrique noire et des diasporas (Cerclecad, *www.cerclecad.org*) basé à Ottawa, au Canada.

RÉPUBLIQUE DEMOCRATIQUE DU CONGO ? *Urgence d'une pastorale de partenariat femme-homme* ».

L'auteur qui est actuellement en insertion pastorale dans le diocèse de Saint-Jean-Longueuil au Québec, Canada, s'est servi habilement de son expérience pastorale antérieure comme curé des paroisses rurales dans le diocèse de Kindu, au Centre-Est de la République démocratique du Congo. La problématique initiale qui motive ce travail à cheval entre la théologie pastorale et la théologie dogmatique est celle du témoignage de la tendresse de Dieu aux nombreuses femmes qui sont violées et détruites dans leur être profond par les bandits armés qui terrorisent les populations civiles de la partie orientale de la République démocratique du Congo, depuis bientôt 20 ans. D'entrée de jeu, l'auteur promeut de façon convaincante l'agir compatissant, miséricordieux et valorisant de Jésus-Christ par rapport aux nombreuses femmes de son entourage. Le cas de Sylvie qui a été violée – est venue rencontrer son curé, est tombée enceinte du viol, est finalement morte après avoir accouché, et l'enfant est décédé quelques mois plus tard – constitue la situation typique de cet exercice de *discernement théologique, politique et pastoral.* Que peut faire l'Église catholique, la communauté paroissiale et la société dans ces situations atroces et récurrentes à l'Est de la République démocratique du Congo ? L'actualité politique récente (le 19, 20, 21 et 22 septembre 2016) est marquée par des émeutes, des massacres, des pillages et des affrontements entre des manifestants et les forces de l'ordre au sujet du différend électoral dans ce pays qui n'a jamais pu établir un État de droit, depuis son accession à ''l'indépendance politique de façade'' le 30 juin 1960 jusqu'aujourd'hui. Insister d'entrée de jeu sur cette situation de chaos politique, de pauvreté économique et de misère humaine, constitue une exigence épistémique et politique de premier plan dans la production d'un ''discours théologique'' incarné, approprié et libérateur des femmes, qui sont les premières victimes de cette violence protéiforme, matérielle et symbolique.

C'est au vu de ce contexte social, économique et politique catastrophique que l'auteur a astucieusement transformé le sujet de son mémoire pour en faire un ouvrage au titre audacieux : « *Le tournant féminin et féministe de la théologie africaine postcoloniale* ». Il s'agit originairement d'un *tournant féminin*, car il est question de discerner la place et le traitement des femmes dans la société et l'Église congolaises en particulier, et dans le monde en général. Le *tournant féminin* se déploie dans une proximité politique et épistémique avec le *tournant féministe*, pour la simple raison que vivant et travaillant en Occident (Belgique, puis Canada), l'auteur est confronté dans sa pratique pastorale quotidienne aux défis, problèmes et revendications théologiques des mouvements féministes qui veulent un traitement égal entre les hommes et les femmes dans les sociétés et les Églises occidentales en ce début du XXIème siècle.

La théologie africaine contemporaine ne peut pas s'extraire des dynamiques et des problématiques soulevées par les mouvements féminins et féministes pour la reconnaissance de *la pleine subjectivité féminine* en tant que partenaire égal de l'homme. Il faut bien reconnaître la marginalité et l'invisibilité des femmes africaines[2] dans les productions théologiques de la postcolonie. Les premières publications féministes en théologie africaine sont l'œuvre des femmes anglophones évoluant dans des Églises protestantes (méthodistes, anglicanes, luthériennes). Je signale en passant des contributions des théologiennes francophones dans l'ouvrage dirigé par la Congolaise : Anastasie Masanga Maponda[3].

Dans l'introduction de cet ouvrage, elle montre la nécessité théologique, politique et sociale pour les femmes africaines en général et les théologiennes en particulier, de

---

[2]Pour une première approche de la théologie féministe en Afrique, je renvoie à : Benoît Awazi Mbambi Kungua, « L'axe de la théologie féministe », in *Panorama des Théologies négro-africaines anglophones*, L'Harmattan, Paris, 2008, pp. 213-219. On y retrouvera des références bibliographiques sur les théologies féminines et féministes de l'Afrique anglophone, notamment l'ouvrage collectif : Mercy Amba Oduyoye & Musimbi Kanyoro (Eds.), *The Will to arise : Women, Tradition and the Church in Africa*, Maryknoll, New York, Orbis Books, 1992 ; Mercy Amba Oduyoye, *Breads and Strands – Reflections of an African Womann on Christianity in Africa,* Orbis Books, Maryknoll, New York, 2004 ; Id., *Hearing and Knowing. Theological Reflections on Christianity in Africa*, Orbis Books, Maryknoll, 1986, 1995 (Il existe une traduction allemande sous le titre: *Wir selber haben ihn gehört. Theologische Reflexionen zum Christentum in Afrika,* Edition Exodus, Freiburg/Schweiz, 1988) ; R. Gibellini (Ed.), *Paths of African Theology*, Orbis Books, Mayknoll, New York, 1994.

[3]*DIEU PEUT-IL CHANGER L'AFRIQUE ? Les nouvelles théologies africaines de la transformation sociale*, Presses Universitaires de Boma, Boma, 2013. Pour une présentation détaillée des principaux courants théologiques en Afrique francophone, je renvoie à mon ouvrage : B AWAZI MBAMBI KUNGUA, *Panorama de la Théologie Négro-Africaine Contemporaine,* L'Harmattan, Paris, 2002, 210 pages.

s'auto-promouvoir comme les principales actrices de leur émancipation intégrale des institutions phallocratiques, patriarcales et traditionalistes qui les maintiennent dans la subalternité durable. Elle fait aussi une autocritique en avouant que les conflits de savoirs et de pouvoirs dans une société donnée ne se limitent pas uniquement aux rapports de domination protéiformes entre les hommes et les femmes, mais doivent être intégrés dans la théologie du péché originel du premier couple qui s'est laissé *roulé dans la farine* par le Diable, le père du mensonge, homicide dès l'origine du monde.

Les conversions pour un usage non violent de pouvoirs et de savoirs sont requises aussi bien pour les mâles que pour les femelles. Il faut donc éviter tout idéalisme et tout angélisme féministes, pour la simple raison que les femmes ne sont pas plus parfaites que les hommes, mais les deux polarités sexuelles sont invitées à travailler en partenariat durable et responsable pour des transformations sociales et politiques épanouissantes.

L'*habileté théologique* de l'auteur se montre dans sa capacité de contextualisation dynamique et d'actualisation critique de l'Évangile de Jésus-Christ aux pauvres, aux blessés, aux rejetés, aux exclus et aux marginalisés. Dans une écriture de très bonne qualité, claire, précise, vigoureuse, nuancée et fluide, l'auteur a posé avec beaucoup de gravité et de compassion la question brûlante des femmes violées durant les guerres qui sévissent à l'Est de la RDC depuis la chute du régime kléptocratique de Mobutu en 1997 ; alors que les Églises catholiques se contentent des formules toutes faites de la nécessité de pardonner à ceux qui nous ont offensés sans au préalable donner le temps et l'espace d'écouter les souffrances, les douleurs, les traumatismes et les violences subies par les femmes dans cette région ravagée de la RDC.

Je salue avec un enthousiasme prophétique débordant le travail d'*autocritique théologique* que l'auteur fait dès le début de son ouvrage en reconnaissant que les stratégies purement sacramentelles de conformité à la doctrine traditionnelle de l'Église ne permettaient pas aux femmes de se sentir accueillies, aidées, consolées et soutenues par leurs Églises. Il faut aller loin en les écoutant et en osant un engagement politique des Églises catholiques dans la nécessité de faire justice aux victimes en arrêtant et en jugeant les bandits armés par la médiation des autorités politiques idoines. Il ne s'agit pas pour l'Église de se substituer à l'État défaillant du Congo, mais de demander avec audace prophétique à l'État d'être opérationnel et crédible dans le respect du droit et de la justice dans la société congolaise en pleine désintégration postcoloniale.

L'*habileté théologique* de l'auteur apparaît dans sa capacité de déplacer la réflexion des femmes violées dans la région orientale de la RDC jusqu'au traitement subalterne et marginal que les femmes subissent dans les institutions patriarcales de l'Église catholique romaine dans le monde. C'est ce glissement subtil d'un questionnement apparemment extérieur à l'Église jusqu'aux requêtes actuelles des femmes du monde entier qui demande la reconnaissance de leur « pleine subjectivité » dans l'Église catholique qui constitue pour moi le paroxysme de ce travail. Il en constitue son acmé, son centre de gravité incandescent. Il rejoint sur ce point l'une des préoccupations de la mission scientifique et prophétique du Cerclecad dans le monde : promouvoir et renforcer le leadership féminin[4] pour que chaque femme acquière les savoirs et les pouvoirs nécessaires pour se libérer des institutions et pratiques patriarcales et machistes. Cela passe nécessairement par la solidarité affective et la collaboration durable entre les femmes lettrées et les femmes analphabètes qui constituent la grande majorité des illettrés dans des pays africains qui n'ont pas réussi à améliorer sensiblement le taux d'alphabétisation durant toute la période coloniale et postcoloniale, qui tourne au désastre sur plusieurs indicateurs du développement humain.

L'auteur fait œuvre de *relecture prophétique* de son expérience pastorale dans cette région endeuillée par des guerres récurrentes en vue de trouver une pastorale basée sur l'écoute, la compassion et le souci de rendre justice aux femmes violées et doublement rejetées par leurs propres familles, leurs Églises et la société congolaise. Le talent herméneutique de l'auteur consiste à déboucher avec brio sur la question du traitement subalterne et inégalitaire que les femmes subissent dans l'Église

[4]Je renvoie aux contributions inspirantes et engageantes des femmes africaines, haïtiennes et occidentales dans : Benoît Awazi Mbambi Kungua (Dir.), *Leadership Féminin et Action politique. Le cas des communautés africaines du Canada, Afroscopie* IV/2014, (Revue savante et pluridisciplinaire sur l'Afrique et les communautés noires), publiée par Le Cerclecad-Harmattan, Ottawa-Paris, 2014, 219 pages & Joelle Palmieri, *Tic, Colonialité, Patriarcat, Société mondialisée, occidentalisée, excessive, accélérée... Quels impacts sur la pensée féministe ? Pistes africaines*, Éditions Langaa, Yaoundé, 2016, 269 pages. (Une recension substantielle et détaillée de cet ouvrage sera effectuée par moi dans notre revue ''*Afroscopie*'' de janvier 2017.)

catholique avec une hiérarchie des mâles célibataires qui excluent les femmes des postes d'autorité et d'enseignement en leur assignant des tâches plutôt traditionnelles et domestiques dans les institutions ecclésiales. À mon avis, le génie théologique de l'auteur se situe à ce niveau, *car il a osé une parole à la première personne du singulier* dans une Église où les prises de paroles des prêtres sont rigoureusement encadrées et censurées par les évêques qui *disent* détenir le monopole de la « plénitude du sacerdoce ». Je soulève en passant la question de la justesse d'une telle affirmation au niveau de la christologie trinitaire. Qui possède effectivement la « plénitude du sacerdoce » ? Les évêques ou le Christ ? Affaire à suivre…

Je salue le courage théologique et prophétique, la rigueur méthodologique et la liberté de pensée que l'auteur *s'octroie* largement du début à la fin de son mémoire. Il s'inscrit résolument et habilement dans le sillage des théologies africaines de la libération prophétique[5] et holistique qui constituent la condition de possibilité du tournant féminin et féministe qui doit tenir compte des

---

[5]Pour une vue approfondie et synthétique de ces théologies africaines de la libération prophétique et holistique, je renvoie à : Benoît AWAZI MBAMBI KUNGUA., *Le Dieu Crucifié en Afrique. Esquisse d'une Christologie négro-africaine de la libération holistique,* L'Harmattan, Paris, 2008, 330 pages ; Benoît AWAZI MBAMBI KUNGUA (Dir.), *Dieu et l'Afrique. Une approche prophétique, émancipatrice et pluridisciplinaire, Afroscopie VI/2016*, (Revue savante et pluridisciplinaire sur l'Afrique et les communautés noires), publiée par Le Cerclecad-Harmattan, Ottawa-Paris, 2016, 659 pages & Jean-Marc ELA, *Repenser la théologie africaine. Le Dieu qui libère*, Karthala, Paris, 2003, 447 pages.

ouvrages des théologiennes africaines déjà publiés. L'auteur ne prétend pas se substituer aux femmes africaines qui doivent d'elles-mêmes, pour elles-mêmes et par elles-mêmes opérationnaliser *hic et nunc* ce tournant féminin et féministe, mais il les incite à accroître leur énergie émancipatrice face à toutes les forces qui les assignent dans la *subalternité*, la *marginalité* et l'*invisibilité* sociales.

Il s'agit d'un acte prophétique et pédagogique de premier plan dans les Églises catholiques africaines – en l'occurrence congolaise – car sans la liberté de pensée critique, il n'y aura pas de véritable réappropriation théologique de la foi chrétienne par les Africains ; mais uniquement la gestion des structures ecclésiales extraverties issues de la mission européenne et qui sont en déphasage frontal avec les requêtes de justice, de guérison holistique et de dignité revendiquées par les laïcs, et de façon plus aiguë, par les femmes qui sont structurellement instrumentalisées par les logiques patriarcales des cultures africaines et de la hiérarchie des Églises catholiques africaines.

La percée de ce travail consiste à avoir osé soulever la double marginalisation dont souffrent les femmes africaines de la part des sociétés patriarcales africaines et de la part des Églises catholiques qui les excluent du sacerdoce. Le fait de *mettre par écrit* ces idées courageuses et engageantes dans l'émergence des « subjectivités féminines » comme actrices de plein droit dans la vie ecclésiale et sociale, constitue une stratégie gagnante dans une société encore massivement régie par la *raison orale*[6] et l'*évanescence* qui en résulte. Aussi bien dans le domaine politique que dans le domaine religieux, les mutations durables en Afrique se produiront par les jeunes générations qui liront des ouvrages ouvertement émancipateurs comme celui-ci. Qu'un jeune prêtre *ose une parole écrite de liberté évangélique et prophétique,* constitue pour moi une raison de poursuivre dans la joie ce chantier colossal d'édition des ouvrages qui constituent la bibliothèque substantielle à partir de laquelle des jeunes générations du continent et des diasporas occidentales puiseront des intuitions, des idées, des motivations et des rêves pour construire dans des actes de réflexion critique, de dignité et de responsabilité une « *Autre Afrique* », celle de la dignité, de la fierté de soi et de sa pleine responsabilité face aux nécessités de survie matérielle et spirituelle produites par la projection planétaire de la rapacité néolibérale en furie.

Dans des sociétés où les institutions ecclésiales, politiques et universitaires sont régies par l'autoritarisme du chef africain incontesté et les intimidations de toutes sortes exercées sur les individus qui *risquent une parole prophétique à la première personne du singulier*, je salue le *courage prophétique* et l'*ancrage christologique* de Dieudonné Kibungu Bwanamuloko d'avoir pensé très

---

[6]Au sujet de la nécessité de production urgente des savoirs savants, pluridisciplinaires et émancipateurs dans les communautés africaines du continent et des diasporas, je renvoie à : Benoît AWAZI MBAMBI KUNGUA (Dir.), *Les Intellectuels africains au Canada : Missions, Figures, Visions et Leaderships*, *Afroscopie* V/2015, (Revue savante et pluridisciplinaire sur l'Afrique et les communautés noires), publiée par Le Cerclecad-Harmattan, Ottawa-Paris, 2015, 390 pages.

librement et d'avoir osé questionner les pratiques ecclésiales d'exclusion des femmes des ministères ordonnés en alléguant que Jésus n'avait pas choisi de femmes comme apôtres.

Je salue l'audace théologique de l'auteur quand il souligne qu'il ne faut pas extrapoler le *conditionnement sociologique* de l'incarnation du Verbe de Dieu en Jésus de Nazareth et l'instituer en norme théologique intangible, sans revenir au début de la Genèse où il est dit : « *Dieu créa l'homme à son image, à l'image de Dieu il le créa ; mâle et femelle, il les créa* ». Le passage des sociétés nomades de la chasse et de la cueillette vers les sociétés *sédentaires, agricoles* et *industrialisées,* constitue un tournant anthropologique, politique et économique qui permet de repenser de fond en comble le partage des rôles entre les hommes et les femmes dans nos sociétés démocratiques, modernes et multiculturelles.

Pourquoi exclure une partie de l'image de Dieu constitutive de l'être humain des fonctions ministérielles et d'autorité théologique dans l'Église ? Le simple fait d'avoir osé soulever une telle question, en partant d'une expérience pastorale dans des paroisses rurales du diocèse de Kindu, constitue une *raison* suffisante de publier cet ouvrage. En prenant la parole par écrit, Dieudonné Kibungu Bwanamuloko prend le risque de susciter un débat ouvert dans une Église, où les prêtres sont appelés à s'auto-censurer indéfiniment au risque de subir les corrections canoniques drastiques de leurs évêques, pouvant aller jusqu'aux différentes formes de suspension du ministère.

La très bonne qualité de la mise en écriture, la clarté, la fluidité, la gravité et le courage de questionner les pratiques d'exclusion des femmes en s'appuyant sur l'attitude *compatissante*, *respectueuse, prophétique* et *accueillante* de Jésus-Christ lui-même envers les femmes de son entourage, montre que l'auteur sait faire la part des choses entre le cœur du message d'universalité de l'Évangile du Royaume de Dieu avec l'option préférentielle pour les pauvres et les pratiques d'abus de pouvoir qui se sont sédimentées dans l'histoire du christianisme, depuis l'arraisonnement de l'Église catholique par l'Empereur Constantin à travers l'Édit de Milan en juin 313. Il plaide ouvertement et tout au long de son texte pour un partenariat inclusif entre les hommes et les femmes dans l'Église, bénéficiaires du même salut de Dieu, à travers la mort et la résurrection de Jésus-Christ.

Dans des sociétés majoritairement patriarcales de l'Afrique subsaharienne et dans des Églises où tous les pouvoirs sont monopolisés par des mâles célibataires, cet ouvrage ouvre un débat dont l'issue ne peut pas être prévisible et l'archivage par écrit (*raison graphique*) lui donne une longue durée dans des sociétés régies par l'oralité (*raison orale*). À ce titre, cet ouvrage s'inscrit résolument dans l'axe de la théologie prophétique et africaine de la libération holistique. Je souhaite du plus profond de mon cœur que cet ouvrage réactive l'énergie théologique et politique des femmes et théologiennes africaines dans l'opérationnalisation convaincante des stratégies de leur pleine subjectivation comme disciples de Jésus-Christ, le Messie Crucifié et Ressuscité.

Je souhaite à Dieudonné Kibungu Bwanamuloko une vie théologique longue, féconde, libératrice et innovatrice : « *Quand il eut fini de parler, il dit à Simon : « Avance en eau profonde et jetez vos filets pour attraper du poisson. » Simon répondit : « Maître, nous avons peiné toute la nuit sans rien prendre ; mais, sur ta parole, je vais jeter les filets. » Ils le firent et capturèrent une grande quantité de poissons ; leurs filets se déchiraient.* »[7]

[7]Luc 5, 4-6 (TOB).

DÉDICACE

À la mémoire de Sylvie dont l'intimité et la vie ont été souillées par les violences humaines, les viols à répétition et les traitements inhumains, injustes, irrespectueux ayant conduit à sa mort, à la fleur de l'âge. Et à toutes les victimes des violences sexuelles et des viols.

À ma très chère maman Elizabeth Mwayuma, femme débout, femme à mille sacrifices ; et à mon très cher papa Etienne Kibungu, homme de cœur et à talents multiples ; pour votre témoignage d'une vie conjugale et familiale harmonieuse et respectueuse.

À mes chères sœurs Stéphanie Mwange, Eugénie Kibungu, Marie-Dorothée Kibungu, Francisca Kibungu, Josephine Kibungu, Pascaline Kibungu ; vous qui m'entourez avec tant de sympathie et d'amour.

À mes jeunes frères Bienvenu-Ferdinand Kamwanga, Jean-Paul Jeannot Sangwa, Emmanuel Kibungu ; vous qui expérimentez au quotidien les réalités d'une société caractérisée par la violence structurelle.

À toutes les personnes qui luttent contre les violences faites aux femmes et qui travaillent pour l'avènement d'une société et d'une Église équilibrées, justes, respectueuses, humaines et évangéliques.

Je dédie cet ouvrage

REMERCIEMENTS

Les professeurs Père André FOSSION, s.j. (de Lumen Vitae-Institut International) et Annemie DILLEN (de l'Université Catholique de Leuven) sous la direction desquels le mémoire qui fait objet de cet ouvrage a été élaboré, méritent toute ma gratitude pour la qualité de leurs remarques, conseils et diverses suggestions qui m'ont été d'un précieux concours. Qu'ils soient assurés de ma reconnaissance.

Un merci sincère au professeur Benoît Awazi Mbambi Kungua, basé à Ottawa (Canada) qui a préfacé l'ouvrage dont la publication lui est due. Au fait, c'est lui qui, après lecture de ma thèse de Maîtrise de Théologie et Sciences des religions (Leuven/Belgique), a suggéré sa publication en la recommandant chez l'Harmattan. Puissent ses recherches multidisciplinaires fructifier en abondance !

Elles sont nombreuses les personnes dont le témoignage de vie et le partage contribuent et enrichissent mon expérience pastorale d'hier et d'aujourd'hui ; vécue dans des milieux pastoraux différents et dans des contextes sociaux et culturels variés, soubassement de cette pensée théologique. Qu'elles trouvent ici l'expression de ma reconnaissance pour leur participation qui m'élève dans mon itinéraire existentiel et théologique.

En effet, commencé au centre de l'Afrique, en République démocratique du Congo dans l'extrême nord du diocèse de Kindu (à Kasese, à Ferekeni, à Punia et à Lubutu, voisin) jusqu'au sud du diocèse (à Kibombo, à Dikululu) et à l'extrême sud (à Malela, à Samba) ; en passant par le centre du diocèse (Secrétariat de l'Évêché, Chancellerie, aumôneries à Kindu), où j'ai travaillé et exercé plusieurs responsabilités (Vicaire, Curé, Secrétaire-Chancelier, Chargé de Bulletin diocésain de liaison et d'animation pastoral, etc.) ; le ministère pastoral était pour moi une opportunité de contacter, de collaborer et de connaître de plus près des hommes et des femmes dont la présence n'a pas cessé de marquer positivement ou négativement, d'alimenter ma curiosité, ma réflexion théologique et de déterminer mes actions pastorales. À chacun et à chacune, je réitère mes remerciements !

De ces contacts, il convient d'accorder un intérêt spécial à l'ouverture de certaines femmes et filles violées grâce à laquelle il a été possible de découvrir et de palper de plus près ce que représentent dans la concrétude un traitement inhumain, une souffrance, une déception et une frustration dans la vie d'un être humain. Parmi ces personnes, certaines sont décédées. Tout en les remerciant du fond de mon cœur, je voudrais en même temps rendre hommage en signe de reconnaissance aux victimes de viol dont la souffrance atroce a fini par arracher la vie et qui, j'espère, reposent en paix. Puisse Dieu leur accorder le don ultime de la Vie éternelle.

C'est ici que je suis personnellement redevable à ce Dieu des Vivants qui, au-delà des injustices et des violences structurelles qui parfois élisent domicile dans le cœur humain, continue de me manifester son amour qui n'exclut personne, sa miséricorde et sa tendresse infinies. Un Dieu dont le Fils, *venu non pour être servi, mais pour servir* (Mt 20, 28), est descendu *au plus bas dans l'échelle de la souffrance* jusqu'à mourir sur la croix, *non par obéissance au Père*, mais par amour pour Dieu et pour l'humanité. Afin que les hommes et les femmes *aient la vie et la vie en abondance* et obtiennent le salut. C'est à un tel Dieu au service des hommes et des femmes, plein de compassion et de bonté que je rends grâce pour le don immense de la vie et de la bénédiction abondante répandue gratuitement sur ma personne. De sa plénitude, nous *avons reçu grâce après grâce* (Jn 1, 16). Il mérite *gloire et louange. J'invoquerai son Nom* (Cf. Ps 115, 15) et je *le dirai à mes proches* (Cf. Ps 22, 22).

Un sentiment de reconnaissance à mes très chers parents Elizabeth Mwayuma et Etienne Kibungu qui m'ont transmis joyeusement cette vie donnée gratuitement par Dieu (*Dieudonné*), accueillie généreusement par eux, reçue humblement en moi et qui continue à travers le service du prochain, spécialement du sujet souffrant, son cheminement dans la foi et dans l'action de grâce vers la Plénitude de la Vie d'où elle est issue.

Avec eux, je remercie mes sœurs : Stéphanie Mwange, Eugénie Kibungu, Marie-Dorothée Kibungu, Francisca Kibungu, Joséphine Kibungu, Pascaline Kibungu ; et mes frères Bienvenu-Ferdinand Kamwanga, Jean-Paul Sangwa, Emmanuel Kibungu pour la flamme inextinguible de leur amour et de leur soutien indéfectibles. Que Dieu vous protège et garde intacte cette harmonie qui caractérise nos relations familiales.

Une gratitude particulière à ceux et celles qui se sont joints à mes parents dans la transmission de la foi, l'espérance et la charité. Ce sont avant tout mes parrains et marraines de baptême et des autres sacrements ; les nombreux catéchistes dévoués parmi eux des femmes de qualité qui ont semé en moi et entretenu la graine de l'Évangile qui sauve, rend libre et ouvre à la plénitude de la vie. À eux, je joins mes nombreux cousins et cousines, neveux et nièces, oncles et tantes. Soyez bénis.

Si cette graine de foi semée a survécu, au-delà des vents et marées, et continue de se déployer, c'est grâce à des personnes attentionnées et généreuses qui n'ont pas hésité à y apporter secours et encouragement par leur parole, leur attitude, leur sourire. Grâce aussi à l'accompagnement, l'éducation et la formation reçus pour la compréhension et l'appropriation de cette foi en Dieu qui ne m'aliène pas mais qui, par contre, *m'autorise* à me réaliser pleinement, à découvrir ce que je suis réellement et d'en être fier ; me rendant *auteur et acteur* de ma destinée. Ils sont nombreux les gens qui m'ont aidé à comprendre de cette façon la foi en Dieu. À vouloir les nommer je cours le risque d'en oublier les plus importants. Qu'ils soient simplement assurés de ma gratitude.

Ce que je suis, je le dois d'une manière ou d'une autre, à ces Institutions qui ont marqué ma curiosité théologique et philosophique: le Collège de l'Enano des Frères Maristes des écoles et le Petit séminaire Notre Dame des Apôtres de Kindu où j'ai reçu une bonne et solide formation humaine ; la Propédeutique spirituelle, le Philosophicum Mgr Cleire de Kasongo et le Philosophicum Mgr Busimba de Goma où j'ai eu une première base philosophique ; le theologicum St Pie X de Murhesa/Bukavu pour la formation théologique !

Toute ma gratitude à mes pères dans la foi : Mgr Paul Mambe, d'heureuse mémoire, alors évêque de Kindu qui m'a accueilli et m'a vu commencer le cheminement vers les ministères sacrés. Hommage à lui dont la mort a emporté la vie quelques jours avant mon ordination diaconale. Puisse son âme reposer en paix ! Mgr Théophile Kaboy, alors Administrateur Apostolique du diocèse de Kindu qui m'a conféré les ministères ordonnés. Mgr Willy Ngumbi, évêque de Kindu pour sa sollicitude paternelle. À travers lui, je remercie tout le personnel de la pastorale, laïcs, consacrés et clercs, hommes et femmes baptisés, appelés à être des acteurs et actrices d'une société et d'une Église justes et respectueuses. Merci à chacun et à chacune pour les moments de joies et même d'épreuves vécus et partagés ensemble.

J'adresse particulièrement à Mgr Lionel Gendron, évêque du diocèse de Saint-Jean-Longueuil, mes sincères remerciements pour son témoignage de tendresse et d'attention. À travers lui, je présente mes gratitudes à son

Vicaire Général Mgr Claude Hamelin, évêque auxiliaire et à madame Pierrette Raymond Fortin ainsi qu'à tout le personnel diocésain, proches Collaborateurs et Collaboratrices de l'Évêque ; à tous les collègues de la pastorale, agents et agentes, à tous les paroissiens et paroissiennes de la Co-cathédrale Saint-Antoine-de-Padoue, des églises Sacré-Cœur-de-Jésus et Notre-Dame-de-Grâce de Longueuil et ceux et celles de l'Unité pastorale Sainte-Marguerite-d'Youville (les paroisses Basilique Sainte-Anne de Varennes, Saint-François-Xavier de Verchères, Sainte-Théodosie de Calixa-Lavallée, Sainte-Trinité et Saint-Laurent-du-Fleuve de Contrecœur) pour leur sympathie dont les souvenirs sont toujours et encore frais dans ma mémoire.

Que mes frères fidèles Chevaliers de Colomb de l'Assemblée 3142 Père Maurice Lamoureux (1685 Wesgate, Longueuil) ; ceux de l'Assemblée 1806 Léon Labarre (Varennes) ainsi que les Filles d'Isabelle du Cercle Lajemmerais 1031 de Varennes et celles du Cercle Marie-Madeleine 1315 de Verchères trouvent ici les marques de ma gratitude à leur égard. Qu'ils soient assurés de ma prière.

Merci beaucoup au Frère Gaston Leblanc, s.c. et à l'abbé Clément Farly qui m'ont aidé à travers leur ministère d'écoute et d'accompagnement personnalisé qui remet debout et conduit vers le *Chemin de Vie*. Qu'ils trouvent ici toute ma joie et toute ma gratitude.

À Madame Christiane Lafaille, un merci spécial pour sa contribution apportée à l'ouvrage dans l'usage du langage inclusif.

Je m'en voudrais d'oublier d'adresser de manière singulière ma toute reconnaissance à mon amie madame Charlotte Framboise Billette Bruyere et son époux Sebastian Seubert, leurs filles Emma et Milana pour la qualité de leur amour, leur amitié, leur proximité, leur ouverture dont ils ont témoigné à mon égard et qui m'ont facilité l'intégration rapide dans la société québécoise. Très grand merci, chère Charlotte et cher Basti, à travers vous, je remercie également les vôtres présents au Québec et en Allemagne. Soyez bénis abondamment pour votre témoignage évangélique : « *Je vous donne un commandement nouveau : aimez-vous les uns les autres. Comme je vous ai aimés, aimez-vous les uns les autres. À ceci tous vous reconnaîtront pour mes disciples : à l'amour que vous avez les uns pour les autres.* » (Jean 13,34-35).

SIGLES ET ABRÉVIATIONS

A.C.E.A.C. : Association des Conférences Épiscopales de l'Afrique Centrale.
A.F.D.L. : Alliance des Forces Démocratiques pour la Libération du Congo-Zaïre.
A.P.R. : Armée Patriotique Rwandaise.
C.I.L. : Conseil interdiocésain des Laïcs.
F.A.R. : Forces Armées Rwandaises.
M.L.C. : Mouvement de Libération du Congo.
M.M.F. : Marche Mondiale des Femmes.
M.S.T. : Maladies sexuellement transmissibles.
R.C.D. : Rassemblement Congolais pour la Démocratie.

NOTE

Dans cet ouvrage, les termes employés pour désigner des personnes sont pris au sens générique ; ils ont à la fois valeur d'un féminin et d'un masculin et n'ont aucune intention discriminatoire.

1. INTRODUCTION

1.1. Cas de Sylvie : viol, début du commencement de son calvaire

Sylvie était son prénom. Fille du catéchiste. Elle a été violée publiquement et devant ses frères. Elle avait 19 ans et se préparait à rentrer au Couvent pour y commencer sa formation au postulat afin de devenir religieuse. Après son diplôme d'État qu'elle venait à peine de décrocher, elle était venue au village voir sa famille et préparer son entrée en religion. Elle faisait la fierté de ses parents et du village qui la comptait parmi les filles instruites de la contrée. Mais, à cause de la guerre elle restait bloquée au village. Elle fut violée plusieurs fois et rendue grosse. Beaucoup d'autres filles et femmes furent emportées dans la forêt par les belligérants.

D'autres femmes eurent les seins torturés. Sylvie fortement troublée et affectée osa quand même briser le silence pour raconter ce qui lui était arrivé. Elle parlait sans relâche de sa désolation, de son enfant issu du viol et pour lequel elle ne sentait pas vraiment d'affection ; de ses projets de vie religieuse brisés (elle ne pouvait plus aller au couvent à cause du viol subi et de son bébé qu'elle devait désormais élever) ; de la perte de sa dignité, de son rejet par la communauté (''*aucun homme n'accepterait me prendre en mariage, disait-elle, les violeurs m'ont complètement détruite*''), de la honte qu'elle éprouvait, de sa haine envers les hommes et aussi, de sa déception à l'égard de son Église catholique que son papa catéchiste représentait et qui avait encore pesé sur elle en ne lui permettant pas d'avorter après le viol comme elle le désirait. Elle cessa même de venir à l'église. Puis elle s'éloigna vers un autre milieu d'où, quelque temps après, on apprenait sa mort suivie quelques mois plus tard, de celle de son enfant.

1.2. RD Congo, « Capitale mondiale du viol[8] » !

Le viol pour Sylvie était le début du commencement de son cycle des souffrances lui ôtant le goût et la joie de vivre et qui finalement, aboutit par lui arracher complètement la vie.

Ce témoignage déplorable du viol de Sylvie en est un parmi tant d'autres viols que j'ai rencontrés dans ma pastorale antérieure en Afrique, précisément dans les paroisses rurales du diocèse de Kindu, notamment à Kasese (Maniema), au centre-Est de la RD Congo. Évoqué ici à titre illustratif, il servira de référence tout au long de l'ouvrage. D'autant plus qu'il touche et interpelle en même temps et la Société et l'Église dans leurs prises de position et de décisions quel que soit le contexte dans lequel ces décisions sont prises. Les enjeux et les défis pour la communauté chrétienne et pour le gouvernement seront évoqués plus loin.

Le cas de Sylvie et beaucoup d'autres cas des viols de nombreuses femmes et filles à Kasese comme dans tout l'Est de la République démocratique du Congo constituent les « crimes les plus honteux et les plus graves que l'humanité ait jamais connus en ce 21e siècle[9] ».

Depuis plus de deux décennies, la femme au Congo est victime de conflits dont elle n'est ni « *l'instigatrice ni la*

---

[8]La qualification est de madame Margot Wallström, l'envoyée spéciale des Nations unies pour les violences faites aux femmes et aux enfants dans les conflits qui, après avoir rencontré les violées en 2007 à l'Est du pays, avait qualifié la RD Congo de "capitale mondiale du viol" devant le Conseil de sécurité de l'ONU.

[9]Discours de Mr Alexis Thambwe Mwamba, alors Ministre des Affaires étrangères, au débat général de la 64e session ordinaire de l'Assemblée générale des Nations unies, New York, le 28 septembre 2009, in *http://responsibilitytoprotect.org/CD_fr.pdf* (Consulté le 2 juillet 2013).

protagoniste[10] ». À Kasika, treize femmes ont même été enterrées vivantes après avoir été humiliées et torturées[11].

À en croire les statistiques de 2007, les viols et violences sexuelles en RD Congo font état des chiffres plus élevés jamais réalisés nulle part ailleurs dans les conflits armés. D'après ces statistiques, « la presse populaire, les publications professionnelles et les rapports d'organisations multinationales et non gouvernementales situent le nombre de victimes de viol en RDC dans les *"dizaines de milliers"* (...) presque tous indiquent que la véritable ampleur du problème demeure inconnue ! Cette étude représente le premier décompte jamais réalisé de la population touchée et des facteurs de violence sexuelle envers les femmes dans la RDC, basé sur l'analyse rigoureuse de données représentatives sur le plan national, recueillies par les Ministères du Plan et de la Santé Publique de la RDC[12] ».

Bien plus, l'analyse du phénomène de viol faite par Amber Peterman, Ph.D.,[13] Tia Palermo, Ph.D. et Caryn

---

[10]M. MWIRA, *La Paix à l'Est de la République démocratique du Congo*, Goma, novembre 2007, in *www.irenees.net/.../bdf_fiche-analyse-778_fr.html*(Consulté le 2 juillet 2013).

[11] Cf. M.M.F., E*n marche, jusqu'à ce que toutes les femmes soient libres,* in *http://www.mmf-france.fr/documents/2010Bulletin07.pdf* (Consulté le 13 mai 2013).

[12]Je me réfère ici aux statistiques de The Center for Health Services and Outcomes Research (CHSOR) (Le Centre pour la Recherche sur les Services et Résultats de Santé Publique), Université de Stony Brook (Université de l'État de New York), effectuées en 2007 par Amber Peterman, Ph.D., Tia Palermo, Ph.D. et Caryn Bredenkamp, Ph.D. et publiées dans *Cahier de Recherche, Mai 2011*, in *https://publichealth.stonybrookmedicine.edu/phpubfiles/INCS_Congo_Brief_French_0.pdf* (consulté le 3 sept 2016).

[13]Amber Peterman, Ph.D., est Spécialiste en Genre et Développement et est titulaire d'une bourse de recherche postdoctorale au sein de la Division de la Pauvreté, Santé et Nutrition de l'Institut International de Recherche sur les Politiques Alimentaires (IFPRI). Tia Palermo, Ph.D., est Assistante Professeur dans le Graduate Program en Santé

Bredenkamp, Ph.D. prouve que les viols et la violence sexuelle dans la République démocratique du Congo (RDC) ont fortement attiré *l'attention internationale*. Leurs rapports font état, entre autres *d'atrocités, de viols collectifs, d'enlèvements ayant pour objectif l'esclavage sexuel*, de participation sous la contrainte de la force au viol d'autres membres d'une même famille, *et de mutilations par arme blanche ou arme à feu des organes génitaux des femmes*.

Pour être précis, en termes de chiffres, ces mêmes recherches indiquent que plus *de 400.000 femmes âgées de 15 à 49 ans* avaient été victimes de viol dans les 12 mois précédant l'interview de 2007 et qu'entre *1,69 et 1,8 millions de femmes âgées de 15 à 49 ans* avaient été victimes de viol au cours de leur vie. Ces estimations du nombre de viols représentent *approximativement 1.152 femmes violées* chaque jour, soit *48 femmes violées* chaque heure, ou encore *quatre femmes violées* toutes les cinq minutes.

Impressionnée par ces *chiffres aux proportions humainement incompréhensibles*, Madame Margot Wallström, l'envoyée spéciale des Nations unies pour les violences faites aux femmes et aux enfants dans les conflits, lors de son séjour à l'Est de la RD Congo où elle avait rencontré les femmes violées à Bukavu, avait

---

Publique, Université de l'État de New York, Stony Brook. Et Caryn Bredenkamp, Ph.D., est une économiste de la Santé au sein du Réseau du Développement Humain de la Banque Mondiale. Toute correspondance doit être adressée à : Amber Peterman, 2033 K St. NW, Washington D.C. 20006-1002, a.peterman@cgiar.org, (202) 862-8128, in *https://publichealth.stonybrookmedicine.edu/phpubfiles/INCS_Congo_Brief_French_0.pdf* (consulté le 3 sept 2016).

qualifié la RD Congo de *capitale mondiale du viol* devant le Conseil de sécurité de l'ONU[14].

Reconnu comme *arme de guerre* et comme *menace à la sécurité internationale* par la *Résolution 1820* du Conseil de sécurité de l'ONU, adoptée le 19 juin 2008 et qui invite à *faciliter la pleine participation des femmes aux prises de décisions, au renforcement des capacités et à la formation*[15]; le viol en tant que tel est devenu *objet scientifique* à plus d'un titre : *par sa nouveauté (emergence), par son intensification (salience), par sa prolifération (productivity), et par son incorporation (embeddness)*[16].

Ainsi le viol ne peut-il aucunement laisser indifférents les théologiens et théologiennes africains. Il pourrait, par contre, être une opportunité pour opérer une tournure qui renforce en même temps les dispositifs dans le combat contre ce fléau.

1.3. Nécessaire tournant féminin et féministe pour la théologie africaine postcoloniale

Aux grandes crises, grands remèdes. Les viols des femmes et des filles tels que vécus en cette partie du pays, méritent des remèdes qui soient à la hauteur et capables d'attaquer les véritables causes de ce phénomène atroce et proposer une transformation profonde tant des structures que

---

[14]Cf. *RD Congo : « capitale mondiale du viol », vraiment ?* in *Jeune Afrique*, 8 mars 20016, in *http://www.jeuneafrique.com/308280/societe/rd-congo-capitale-mondiale-du-viol-vraiment/* (consulté le 3 sept 2016).

[15]Cf. *Résolution 1820 (2008) du Conseil de Sécurité des Nations Unies. Toutes formes de violences sexuelles à l'égard des femmes est une menace pour la paix et la sécurité internationale,* in *http://www.onuci.org/pdf/re%201820.pdf* (Consulté le 2 oct. 2016).

[16]Cf. L. DASTON cité par V. FARGNOLI, *Viol(s) comme arme de guerre*, L'Harmattan, Paris, 2012, p.16.

des individus dans leur imaginaire *social, culturel et religieux*. En effet, le cas évoqué de Sylvie et bien d'autres cas similaires des viols, lancent pour la société et pour l'Église d'énormes défis. Sujet théologique et herméneutique pour le féminisme d'aujourd'hui, le phénomène du viol qui détruit la femme dans son être profond doit déboucher sur une profonde analyse critique qui dépasse toute interprétation complaisante pour décortiquer en profondeur les racines lointaines et immédiates du viol et proposer des solutions courageuses, durables par des actions transformatrices, engageantes et salutaires. La théologie féminine et féministe qui tarde à décoller en Afrique subsaharienne a là un moment plus que jamais décisif pour opérer un tournant féministe nécessaire, libérateur, salutaire et transformateur pour faire naître une autre société et une autre Église qui soient justes, respectueuses, humaines et évangéliques.

La protection que cette femme violée n'a pas trouvée ailleurs ne devait-elle pas espérer la trouver au moins dans l'Église ? Les prédications qui promettent le salut éternel ne peuvent-elles pas avant tout procurer des réponses concrètes qui libèrent celle-ci en quête de dignité et du sens de sa vie après un viol si traumatisant ? Malheureusement, la position de l'Église sur l'avortement en cas des viols n'a pas du tout été Bonne Nouvelle pour Sylvie et pour bien d'autres cas semblables parmi les violées. Comment dire aujourd'hui la tendresse de Dieu à une telle femme violée, humiliée, rejetée, déçue ?[17]

Partant de l'analyse critique de la société fortement patriarcale et de la position de l'Église par rapport à l'avortement en cas des viols, de la pastorale antérieure déployée par l'Église locale auprès des femmes violées dans

[17]Tel est le questionnement théologique du mémoire présenté en vue de l'obtention du Diplôme Spécialisé en Catéchèse et Pastorale (Institut-International Lumen Vitae/ Bruxelles) et du *Master of Theology and Religious Studies* (KU Leuven).

cette partie du pays où j'ai travaillé comme stagiaire (2002-2003) et comme prêtre (2004-2011) ; cet ouvrage présente les défis socio-pastoraux qui en découlent et qui soulèvent surtout les questions de fond qui constituent l'enjeu principal des dégâts et des injustices susceptibles de conduire aux atrocités et à la barbarie subies par les femmes et filles violées. Quelles sont les causes profondes du phénomène des viols ? Comment expliquer et justifier une telle *« dictature du pénis » ?* Une telle *« profanation du vagin » ?* La marginalisation de la femme dans les sociétés majoritairement patriarcales de l'Afrique subsaharienne, n'y est-elle pas pour quelque chose ? Et encore davantage dans l'Église où ce sont les hommes qui détiennent les trois *pouvoirs* de décision : *munus docendi, munus regendi, munus sanctificandi, (ministère d'enseignement, ministère de gouvernement, ministère de sanctification)* réservés aux prêtres, tous masculins et célibataires *?*

Le fond de fond n'est-il pas à chercher surtout dans ce que le théologien et philosophe KA MANA qualifie de *déséquilibre ontologique radical*[18] qui caractérise les sociétés foncièrement patriarcales en Afrique subsaharienne et qui souvent empêche de voir en l'autre l'image de Dieu qui partage le même être que soi ? Les atrocités subies par les femmes violées ne sont-elles pas aussi une des conséquences de ce *déséquilibre ontologique radical* ? *Déséquilibre* qui empêche de voir en la femme le « symbole de la vie par excellence après Dieu », comme dit le théologien moraliste Bénezet Bujo[19] pour qui « s'il y a guerre qui perturbe la paix, attise la haine et cause les injustices, c'est parce qu'on a fait

---

[18]Cité par A. MASANGA MAPONDA (Dir), *Dieu peut-il changer l'Afrique ? Les nouvelles théologies africaines de la transformation sociale*, Presses Universitaires de Boma, 2013.

[19]B. BUJO, *Ce que l'on pourrait attendre du 2e Synode pour l'Afrique*, in *HEKIMA* 41 (2009), p. 23.

fi de la vie, sacrée dans l'Afrique[20] » ? Un tel *« déséquilibre ontologique »* n'est-elle pas à *déconstruire* parmi tant d'autres bévues causées par ce système patriarcal fortement présent et dans la société et dans l'Église ?

L'impératif d'un tournant féminin et féministe de la théologie africaine s'impose aujourd'hui avec urgence en faveur de la mise en œuvre d'un partenariat *ontologique* et inclusif hommes-femmes pour une société et une Église justes, respectueuses, humaines et évangéliques en Afrique comme ailleurs. Tournant décisif et point de départ nécessaire si l'on veut bâtir une société et une Église *ontologiquement* équilibrées. Mettant l'accent sur ce que nous avons en commun en tant qu'être humain. Le mouvement féminin et féministe de la théologie africaine postcoloniale n'aura pas de choix d'opérer ce tournant avec lucidité s'il veut être logique, libérateur, salutaire et durable. Et ce tournant ne doit-il pas s'opérer partout à tous les niveaux et dans tous les domaines pour mettre fin non seulement au cycle des violences et des injustices ; mais aussi et surtout pour dépasser et éviter tout risque d'aller à l'autre extrême du système à déconstruire ? Aux théologiennes africaines en premier et aux théologiens africains de s'autoriser d'être des piliers, des auteurs et des acteurs de ce tournant décisif avec lucidité comme impératif.

1.4. Quatre événements déterminants en amont du tournant féminin et féministe de la théologie africaine postcoloniale

Quatre événements décisifs expliquent pour moi l'urgence et la pertinence de publier cet ouvrage sous le titre « LE TOURNANT FEMININ ET FÉMINISTE DE LA THÉOLOGIE AFRICAINE POSTCOLONIALE ».

---

[20] *Ibid.*

Et ce, à partir des cas des femmes violées des paroisses rurales dans le diocèse de Kindu en République démocratique du Congo.

Le premier évènement c'est l'ampleur du viol utilisé comme *arme de guerre* et dont les statistiques ne laissent pas indifférent, bousculent les consciences, questionnent et mettent en défi le système patriarcal, les religions, les structures étatiques et tout *l'imaginaire social* en Afrique subsaharienne. Cela n'invite-t-il pas à revisiter en toute vérité et liberté d'esprit nos structures et systèmes culturels, religieux et étatiques en place ? N'y a-t-il pas une profonde *révolution copernicienne* à opérer nécessairement et par les femmes et par les hommes pour arriver à un *équilibre ontologique radical ?*

Le deuxième événement c'est mon échange avec le professeur Benoît Awazi, philosophe, sociologue et théologien africain pour qui une *Autre société* est possible et une *Autre Afrique* est possible. Elle est à construire, mais en déconstruisant et en inventant autrement. Son engagement est décisif dans le chantier colossal d'édition des ouvrages de déconstruction de tout système ontologiquement déséquilibré. Ouvrages qui constituent la bibliothèque substantielle à partir de laquelle des jeunes générations du continent d'Afrique et des diasporas occidentales puiseront des intuitions, des idées, des motivations et des rêves pour construire dans des actes de réflexion critique, de dignité et de responsabilité, une *Autre Afrique.* Mettre par écrit des idées courageuses et engageantes dans l'émergence *des subjectivités féministes* comme actrices de plein droit dans la vie ecclésiale et sociétale, constitue, estime-t-il, une stratégie gagnante dans une société encore massivement régie par la raison orale et l'évanescence qui en résulte. Aussi bien dans le domaine politique que dans le domaine religieux, les mutations durables en Afrique se produiront par les jeunes générations qui liront des ouvrages ouvertement émancipateurs et libérateurs. Il s'agit de mettre en œuvre ici et maintenant la méthodologie prophétique[21] qui se déploie en deux triptyques complémentaires : *Déconstruction-Dépassement-Reconstruction* et *Bibliophagie-Bibliocratie-Bibliothérapie*.

Dans des sociétés fortement patriarcales où *les intuitions ecclésiales, politiques et universitaires sont régies par l'autoritarisme du Chef africain incontesté et les intimidations de toutes sortes sur les individus qui risquent une parole prophétique*, le tournant féminin et féministe implique en tout état de cause une liberté de pensée qui questionne sans cesse les pratiques ecclésiales et sociétales injustes et inhumaines, conçues et engendrées par le *déséquilibre ontologique radical* à défaire avec énergie et détermination, puisque source de tout traitement moins humain, deshumanisant et discriminatoire. Et puisque qu'il n'y a pas de bonheur sans liberté, il va sans dire qu'espérer une « *Autre Afrique* » plus humaine ontologiquement équilibrée et sans « *violence de l'être*[22] », c'est s'engager dans cette voie du tournant féminin et

---

[21]Lire article de Benoît Awazi Mbambi Kungua, « *Textualité, Dissémination et Mondialisation : Vers une praxis intellectuelle et politique émancipatrice* », in B. AWAZI MBAMBI KUNGUA (Dir.), *Les Intellectuels africains au Canada : Missions, Figures, Visions et Leaderships*, *Afroscopie* V/2015, (Revue savante et pluridisciplinaire sur l'Afrique et les communautés noires), publiée par Le Cerclecad-Harmattan, Ottawa-Paris, 2015, pp. 53-59.

[22]TSHIUNZA MBIYE et Kä MANA, « *Il faut désarmer des dieux et humaniser les religions. Sortir de l'émotion suscitée par le drame de Charlie Hebdo* et réfléchir sérieusement sur la violence des pratiques religieuses dans le monde actuel », in B. AWAZI MBAMBI KUNGUA (Dir.), *Dieu et l'Afrique. Une approche prophétique, émancipatrice et pluridisciplinaire, Afroscopie VI/2016*, (Revue savante et pluridisciplinaire sur l'Afrique et les communautés noires), publiée par Le Cerclecad-Harmattan, Ottawa-Paris, 2016, pp. 265- 271.

féministe de la théologie africaine. C'est cette espérance que porte aussi cet ouvrage.

Le troisième évènement décisif qui m'a également encouragé c'est la tenue à Montréal, pour la première fois dans un pays occidental, du *Forum Social Mondial(FSM)* du 8 au 14 août 2016. L'espoir que suscite ce Forum Social Mondial et sa projection vers un *autre monde possible* qui soit essentiellement au service de la Vie et de l'humanité fait de lui *un haut lieu de vitalité intellectuelle, de combativité politique et de projection* vers une société et une Église transformées et équilibrées. Des militants *Altermondialistes* venus de partout dans le monde[23] avaient une conviction ferme : *Résister, espérer, inventer : un autre monde est nécessaire, ensemble il devient possible !* Inspirant aussi était le Forum Mondial de *Théologie et Libération* qui se tenait en même temps le 8 et le 13 août au Collège jésuite Jean-de-Brébeuf à Montréal et qui a rassemblé des théologiens et théologiennes, des religieux et religieuses, des personnes engagées dans divers mouvements de solidarité sociale avec les victimes les plus vulnérables du capitalisme déshumanisant[24].

Lors des assises de ce Forum mondial de Théologie et Libération, le propos de la professeure Denise COUTURE de la Faculté de Théologie et Sciences des religions de l'Université de Montréal, était fort déterminant et encourageant ; elle plaidait, entre autres, en faveur de la

---

[23]Certains participants et participantes d'Afrique et d'Amérique latine dont Madame Aminata Traoré – une figure engagée de l'altermondialisation, n'ont pas pu participer au FSM 2016 parce que le Canada ne leur a pas donné de visas.

[24]Un ouvrage a été publié et dans lequel se trouvent consignés des textes issus des précédentes réunions du Forum Mondial Théologie et libération. Pour plus des détails sur le contenu de ces contributions, je renvoie à Gerald M. Bodoo (Ed.), *Religion, Human Dignity and Liberation,* Editora Oikos, Sao Leopoldo, 2016.

connexion entre la réflexion théologique et l'action transformatrice des milieux de vie au quotidien ; de l'impératif de ''déconstruire'' les religions et théologies *kyriarcales* (impériales) dont le système patriarcal de domination et de subordination infligé aux femmes. Alors que la professeure Mary Getui de Catholic University of Eastern Africa (Nairobi, Kenya) évoquait *les violences et autres dominations que les femmes subissent dans les sociétés, les Églises et les États africains, d'une part et, d'autre part, celles infligées par les groupes terroristes comme Boko Haram et les structures patriarcales africaines*. Pour elle, il appartient aux Africains et aux Africaines de décider de sortir de cette chaine des violences et d'opérer un tournant libérateur en vue de leur *seconde indépendance*. Les souffrances infligées et subies, la volonté d'en finir un jour, invitent un tel tournant réfléchi pour une libération holistique en Afrique subsaharienne.

Le quatrième événement décisif c'est la parution dans la Collection « L'Afrique qui change[25] », de l'ouvrage de KA MANA et Anastasie MASANGA MAPONDA (Dirs.), *Dieu peut-il changer l'Afrique ? Les nouvelles théologies africaines de la transformation sociale*, aux Presses

---

[25]« Lancée par le Club pour l'Éveil du Congo, la collection « L'Afrique qui change » scrute et étudie les mutations politiques, économiques, culturelles, spirituelles et géostratégiques fondamentales qui déterminent aujourd'hui la construction de l'avenir africain. Elle vise non seulement la connaissance de grandes dynamiques des mutations en cours dans la société, mais surtout l'éducation de nouvelles forces du changement et l'émergence de nouveaux acteurs dont l'engagement à résoudre les problèmes concrets des populations dans l'Afrique actuelle contribuerait à poser les bases d'une société de responsabilité et de créativité, dans tous les domaines. » Cf. A. MASANGA MAPONDA (Dir.), *Dieu peut-il changer l'Afrique ? Les nouvelles théologies africaines de la transformation sociale*, Presses Universitaires de Boma, 2013.

universitaires de Boma, en 2013[26], l'ouvrage « se concentre sur les religions, les spiritualités, les théologies et les Églises dans leur pouvoir de transformation sociale [27]».

C'est intéressant de constater que dans cet ouvrage le tournant féminin et féministe non seulement est possible, mais il est déjà en train de s'opérer ! Il suffit d'entendre le témoignage de la théologienne engagée Anastasie Masanga pour s'en rendre compte. C'est dans la préface du livre. Et c'est pendant la période de *son tournant théologique* et de *ses interrogations sur le pouvoir* qu'elle a eu l'idée d'un livre des textes sur *les théologies africaines de la transformation sociale : les théologies africaines pour temps de changements.* Seul un tel tournant est capable d'attaquer les problèmes par leurs racines. La théologienne en parle avec conviction. Je trouve pertinent son témoignage qui est à découvrir absolument pour entreprendre une action efficace et transformatrice en changeant quand il le faut *son fusil d'épaule* : « J'ai découvert ce que les relations de pouvoir comportent substantiellement d'inégalitaire, d'injuste et de déshumanisant : *un déséquilibre ontologique radical* (…) J'ai compris alors ce que le pouvoir a en soi de grisant, de corrupteur, d'inhumain et d'insoutenable dans les relations de déséquilibre ontologique. Qu'il soit exercé par l'homme ou par la femme, il y a toujours risque que le pouvoir dérape vers l'ontologie de la domination (…) Il s'agit d'une ontologie qui sort autrui de l'humain et le place dans une autre sphère de l'être : là où autrui n'est plus semblable à moi-même et où il se délite dans une sorte de rien

---

[26]Théologienne, Recteure de l'Université d'État Président Joseph Kasa-Vubu (UKV, Goma RDC) et vice-présidente du Club pour l'Éveil du Congo Cf. A. MASANGA MAPONDA (Dir.), *Op.Cit.*

[27]*Ibid.*

indicible[28] ».

Et c'est à ce niveau que se situent la nécessité et la pertinence de ce tournant féminin et féministe de la théologie en Afrique subsaharienne. Roger GARAUDY radicalise encore davantage quand il affirme que « le mouvement des femmes n'a plus à s'intégrer aux hiérarchies, aux valeurs de domination du système ancien, mais il doit les briser et instaurer son système propre de rapports humains et de valeurs nouvelles[29] ». Surtout quand on comprend que le combat à mener n'est pas un combat des femmes contre les hommes, surtout pas celui des hommes contre les femmes. Il est plutôt question de « la lutte pour transformer les relations de pouvoir et de déséquilibre ontologique en relations d'humanité, partout où s'exercent les systèmes d'injustices, d'inégalités, de violences et d'inhumanités[30] ». Le témoignage évoqué ici est combien encourageant dans la suite de mon propos qu'il renforce et rend possible un tel virage dans le contexte africain débouchant sur l'équilibre ontologique nécessaire et la vie harmonieuse des hommes et des femmes qui partagent la même humanité et la même dignité.

La précision de la cible à combattre et à prendre en compte dans cette lutte est on ne peut plus évidente. Ne pas perdre de vue la cible sur laquelle travailler et focaliser toutes les énergies pour espérer un résultat durable capable d'engendrer une société et une Église ontologiquement équilibrées, c'est-à-dire justes, respectueuses, humaines et évangéliques. Où l'autre est avant tout respecté et considéré comme une image de Dieu, une personne

---

[28] *Ibid.*

[29] Cité par S. TUNC, *Féminité et Ministère, in http://www.womenpriests.org/fr/francais/tunc12.asp (Consulté le 31 avril 2013).*

[30] A. MASANGA MAPONDA (Dir), *Op.cit.*

humaine. Le *déséquilibré ontologique* causé par le jeu de pouvoir de domination exercé par les hommes masculins est le même que celui dont les femmes sont capables de causer chaque fois qu'elles adoptent la même posture du jeu de pouvoir de domination.

Dès lors il est clair que c'est *l'ontologie de la puissance dominatrice* qui doit être considérée comme *problème théologique de fond* à cibler et qu'il est possible de trouver parmi les causes lointaines et profondes des violences et des viols subis par les femmes et les filles dans cette partie de la RD Congo « où les hiérarchies imposent des ontologies différentes entre les humains. Ce sont ces différences qui font qu'à un certain moment, deux êtres ou deux peuples ne sont plus dans la même humanité (…) Une théologie du genre qui s'élabore à partir de cette conviction relativise la question des rapports hommes-femmes et l'intègre dans tous les rapports de domination et de déséquilibre ontologique qui structurent le champ social et les espaces de vie (…) Le travail à entreprendre est donc celui des changements de fond dans les imaginaires et dans les institutions qui structurent la société, avec de nouvelles initiatives et de nouveaux projets pour un nouveau monde possible, hors de tous les pouvoirs de déséquilibre ontologique[31] ».

1.5. Expérience pastorale au Québec

À ces quatre évènements décisifs qui m'ont encouragé à publier cet ouvrage je puis ajouter mon expérience pastorale en Belgique dans l'archidiocèse de Malines-Bruxelles et principalement celle du Québec, Canada. Où les équipes pastorales sont constituées par des hommes et des femmes. Les prêtres et les laïcs, les agents et agentes de la pastorale travaillent ensemble et collaborent en

[31] *Ibid.*

coresponsabilité dans les tâches et les dossiers pastoraux. L'apport des uns et des autres, prêtres et laïcs, hommes et femmes, joue un rôle important pour une vision équilibrée où les deux regards masculin et féminin se conjuguent et, souvent, se croisent harmonieusement.

Outre cette avancée et ses aspects positifs indéniables de collaboration et de partenariat hommes-femmes, le tournant pourrait s'avérer encore nécessaire pour éviter le risque de passer d'un extrême à l'autre : de la « *dictature masculine* » à la « *dictature féminine* » ! On ne le dira jamais assez, pour un *équilibre ontologique* le combat du tournant ne devrait pas être un combat des femmes contre les hommes, surtout pas celui des hommes contre les femmes.

Le vrai combat à mener ensemble, hommes et femmes, n'est-il pas plutôt le combat pour « transformer les relations de pouvoir et de déséquilibre ontologique en relations d'humanité, partout où s'exercent les systèmes d'injustices, d'inégalités, de violences et d'inhumanités[32] » ? C'est en ce sens que hommes et femmes, laïcs et clercs, peuvent ensemble combattre le cléricalisme, le terrorisme, l'autoritarisme quelle que soit la personne (homme ou femme) qui les incarne. Puisqu'ils peuvent être exercés autant par un homme masculin que par une femme.

En effet, *les pouvoirs de déséquilibre ontologique* n'appesantissent-ils pas subtilement les relations humaines dans le champ pastoral et *dans les espaces de vie* ? Un tournant et un changement de fond ne sont-ils pas toujours et encore à envisager et à entreprendre ?

Dans le contexte africain, c'est en tout cas maintenant qu'il importe d'effectuer une *montée en humanité* qui exclue barbarie et violences faites aux femmes !

---

[32]*Ibid.*

1.6. *Montée en humanité*[33] et pour l'Église et pour les sociétés africaines

Le tournant dont il est question ne pourrait s'empêcher de suivre décidément un schéma exigeant, mais pratique qui répondrait aux besoins concrets des Africaines et des Africains d'aujourd'hui dans le contexte qui est le leur et qui soit à la taille des défis présents. Grâce à l'Évangile et au nom de l'Évangile, le tournant libérateur est à opérer de manière ajustée. La tournure vers la transformation sociale en Afrique subsaharienne devrait consister nécessairement en un cheminement laborieux, constructif et progressif qui a permis aux sociétés occidentales et à leurs religions de se *métamorphoser.* Il s'agit en tout, selon les termes d'Achille Mbembe, d'une *« montée en humanité »* des sociétés et des Églises africaines appelées, elles aussi, à se *métamorphoser* profondément.

Il suffit d'examiner rapidement pour en tirer des conclusions pratiques, utiles et utilisables dans le processus de ce tournant, les trois âges qu'ont traversés les sociétés occidentales : âge ancien ou âge de la *religion totale* ; âge de la *culture du progrès* et enfin, âge de la *culture de réseau*[34]. Pour l'Afrique subsaharienne ce processus ne devrait-il pas s'inscrire davantage dans le dynamisme proposé par Tshiunza MBIYE et Kä MANA, en *désarmant les dieux* pour *humaniser les religions ?* [35]

---

[33]A. MBEMBE, *Sortir de la grande nuit. Essai sur l'Afrique décolonisée. La découverte*, Paris, 2010, 243 p.

[34] Nous nous référons ici à A. FOSSION et S. VAN DEN BOSSCHE, *L'approche sociologique, historique, philosophique de la transmission religieuse*, notes de cours, inédit, Lumen Vitae, Bruxelles, 2011.

[35]TSHIUNZA MBIYE et KÄ MANA, *« Il faut désarmer des dieux et humaniser les religions. Sortir de l'émotion suscitée par le drame de*

Il va sans dire que cette *montée en humanité* ne pourrait s'opérer sans déconstruire étape par étape certains éléments de chaque âge qui déshumanisent et aliènent encore la femme et partant tout être humain. Un regard rétrospectif critique et systématique remonterait minutieusement depuis *l'âge primitif* jusqu'à l'âge de la *culture des réseaux* avec pour mission de mettre en évidence et de défaire tout ce qui détruit la Vie.

En commençant par l'âge primitif ou l'âge de la culture orale. C'est l'âge dont le support est *le corps humain*, mieux encore *les efforts physiques*[36] comme le dit Joseph Basile. Cet âge primitif dont il est possible de trouver encore aujourd'hui quelques éléments nocifs dans nos cultures africaines, est caractérisé par *la permanence des règles, l'unicité du groupe* et *l'extériorité du fondement.* Et sur le plan de la foi, c'est l'âge de *la religion totale*.

Dans ce premier âge, dit Marcel Gauchet[37], il n'y a pas de tension entre le point de vue de l'individu et le point de vue de l'ensemble social. Pas donc d'opposition possible et pas de conflit. L'être individuel est littéralement constitué, ajoute Marcel Gauchet, par la norme collective qu'il porte en lui. Mais, il en résulte dans l'autre sens que chacun des membres de la communauté contient, à sa façon, la collectivité. On aurait, poursuit M. Gauchet, affaire à une personnalité ordonnée par l'incorporation des normes collectives et à des personnalités à *honte* associées

---

Charlie Hebdo et réfléchir sérieusement sur la violence des pratiques religieuses dans le monde actuel », in B. AWAZI MBAMBI KUNGUA (Dir.), *Dieu et l'Afrique. Une approche prophétique, émancipatrice et pluridisciplinaire, Afroscopie VI/2016*, (Revue savante et pluridisciplinaire sur l'Afrique et les communautés noires), publiée par Le Cerclecad-Harmattan, Ottawa-Paris, 2016, pp. 265- 271.

[36]J. BASILE, *La nouvelle culture*, in *« Viens t'en »,* n° 25 (1970) *http://www.acj.be/viens_t_en_25.htm*

[37]M. GAUCHET, *Les trois âges de la personnalité,* in : *La démocratie contre elle-même*, Gallimard, 2002, p. 250-255.

à des sociétés à *honneur* où la pire des épreuves est de perdre la face. À cet âge, *il n'y a pas d'intériorisation*, conclut M. Gauchet, *l'individu est presque aliéné.*

Et cette aliénation de l'homme dégrade l'esprit d'initiative, raréfie les idées originales et rétrécit les consciences[38]. Les initiatives se trouvent ainsi bloquées et toute ouverture est freinée par le système. Époque donc des cultures basées sur la permanence : c'est-à-dire qu'un ordre s'impose et vient des dieux, de l'au-delà et constitue le fondement de la société dans ses règles permanentes. Si on répète la règle, on survit et si on ne la répète pas, en organisant autrement la société, les conflits surgissent.

En ce qui concerne notre propos par rapport à cet âge primitif, le tournant féminin et féministe de la théologie africaine postcoloniale aura intérêt à être très vigilant et attentif pour justement détecter et détruire les éléments nocifs de l'âge primitif ; éléments qui soient encore *en vie* et susceptibles de ralentir la *montée en humanité* des Africaines et Africains d'aujourd'hui. Une *religion totale* qui aliène et qui ne libère pas n'est-elle pas à *revisiter ?* Un système, une religion à *pensée unique* et *permanente*, incapable de s'ouvrir à la Vie et au bonheur de l'humanité, de s'incarner dans le contexte concret des sujets souffrants n'est-il pas à *désarmer* ?

En Afrique subsaharienne nous avons encore beaucoup à inventer, à créer avec qualité comme impératif. D'où le rôle de questionner tout système qui bloque notre *montée en humanité.* Et le tournant féminin et féministe de la théologie africaine postcoloniale est à ce prix. Joseph Basile, en effet, définissant *l'homme cultivé de demain* n'a-t-il pas raison quand il propose de *trouver un nouvel art de penser, un nouveau style de vie* pour ne plus « acquérir une simple érudition, héritage du passé, mais de s'assurer un renouvellement continu permettant d'agir avec

---

[38]J. BASILE, *Op.Cit.*

toujours plus d'audace et de s'ennoblir à la lumière de la vie intérieure[39] » ? Autrement, on assiste à la *paresse intellectuelle, paresse spirituelle*[40] *et paresse ontologique* à éviter à tout prix.

Le deuxième âge est celui de la culture de progrès, âge de l'écriture. Les religions se métamorphosent et la société est sortie de la *religion totale*. Ici ce sont l*es cerveaux qui sont renforcés et relayés*, dit Joseph Basile. C'est ce que Marcel Gauchet appelle l'âge *de la personnalité moderne* : reconnaissance de la liberté de choix en droit. On pourrait parler à ce propos d'un processus d'individualisation du collectif, *d'une appropriation individuelle de la dimension collective*. Ici il y a « *intériorisation de la norme* » ; c'est le *monde de la responsabilité*. On a affaire à une *personnalité à culpabilité*. En matière de foi, on assiste à un changement très profond dans la transmission que M. Gauchet appelle le *désenchantement du monde*. À ce deuxième âge, le christianisme *devient la religion de la FIN de la religion totale*. On n'est plus dans l'ordre *primitif de subir,* mais on entre dans *l'ordre de vouloir*. Les religions du début sont affaiblies : dépossession complète et possession (autonomie) de l'être humain.

Cette attitude de possession de soi donne le pouvoir, non plus à la divinité, mais à l'être humain. On sort ainsi de cette religion primitive et l'humanité prend le pouvoir. Évidemment la religion ne finit pas, mais elle se transforme, *elle se métamorphose* : en même temps que la société se transforme, la religion évolue !

Si je décris ces propos de Marcel Gauchet, c'est justement parce que le tournant à opérer s'il veut être sérieux ne doit épargner aucun domaine qui aliène la

---

[39]J. BASILE, *Op.Cit.*

[40]Cf. A. SOUPA et Ch. PEDOTTI, *Les pieds dans le bénitier*, Paris, Presse de la Renaissance, 2010.

personne humaine. Et ce deuxième âge est justement l'âge qui responsabilise les hommes et les femmes et les invite à prendre sérieusement en main leur destin. La *religion totale* avec le *dieu des missionnaires* n'ont-ils pas créé en Afrique subsaharienne un imaginaire *social et culturel*, un système qui a affaire avec le *déséquilibre ontologique radical*, source des traitements inhumains *?* Une telle *religion totale* ne devrait-elle pas se métamorphoser ? Se « désarmer » pour humaniser et responsabiliser davantage les hommes et les femmes, les sociétés et les Églises africaines ?

Le troisième âge est celui de la Culture de réseau (toile, net/numérique/le virtuel). Le modèle expressif porté par la nouveauté technique devient, selon Marcel Gauchet, celui de la *capacité de branchement ou de connexion.* C'est l'univers des réseaux : l'essentiel *ne se joue plus dans la relation de soi avec soi, mais la relation de soi avec le reste.* Et pour Joseph Basile, cette troisième révolution c'est la plus importante - car ici ce ne sont plus les corps ou les cerveaux qui sont en cause, mais *l'être lui-même.* C'est la *révolution de la conscience sociale* qui, par l'éducation permanente, dit-il, fait que la société s'élève à une *dimension nouvelle.* Tout être humain pourra *participer à la gestion de son destin* ; il pourra, s'il le désire, s'épanouir, se réaliser et accéder à une dignité nouvelle[41]. C'est la découverte historique que la modernité a besoin d'un Dieu et d'une religion pas n'importe lesquels ; mais un Dieu et une Religion qui soient *au service de l'humanité*, au service de la Vie. Pour Michel Rondet il est question de *désacraliser les structures et évangéliser les relations*[42].

---

[41]J. BASILE, *Op.Cit.*

[42]M. RONDET, *l'Esprit, espérance d'une Église en crise,* Paris, Bayard, 2011, p. 67.

Dans les viols et violences des femmes dont il est question dans cet ouvrage, il n'est pas exagéré de sentir que ce qui est en cause ce n'est pas seulement le sexe de la femme, c'est au fond *l'être lui-même.* On peut évoquer à juste titre *la violence de l'être* causé par le *déséquilibre profond* qui offusque son regard et conditionne son agir inhumain.

Ce troisième âge pourrait apporter beaucoup d'éléments significatifs au tournant féminin et féministe de la théologie en Afrique. Aux africaines elles-mêmes et avant tout de décider d'acquérir cette *capacité de branchement ou de connexion* qui les ouvre au reste du monde et aux valeurs nouvelles. D'entreprendre des actions transformatrices pour la *révolution de la conscience sociale* par l'éducation en tant que, comme le suggère la théologienne TSHIBILONDI NGOY *lieu de développement, de savoir, de pouvoir et de transformation des représentations* [43] ; de *participer à la gestion de leur destin* et, enfin, de désirer et en y travaillant pour leur propre épanouissement, leur réalisation et leur accès à une dignité nouvelle.

C'est seulement ainsi que le tournant féminin et féministe aura à porter une transformation et une libération holistiques tant espérées et tant attendues. Il appartient aux théologiennes et théologiens africains de savoir où ils veulent aller, de quel *autre monde* et de quelle *autre Église* ils veulent accoucher et de quelle *autre Afrique* ils veulent engendrer. C'est donc entre les mains des Africaines et des Africains que repose le destin pour une autre société et une autre Église équilibrées, justes,

---

[43] A. SHIBILONDI NGOYI, *Enjeux de l'éducation de la femme en Afrique - Cas des femmes congolaises du Kasaï,* Paris, L'Harmattan, 2005. Et aussi, *Genre, sociétés et développement. Participation des femmes au développement* (inédit), notes de cours donné à Lumen Vitae, Bruxelles, 2012 - 2013.

respectueuses, humaines et évangéliques dans lesquelles les relations des pouvoirs, les viols et la *violence de l'être* cèdent la place aux relations *ontologiquement* humaines et *humanisantes.* À chaque personne de jouer son rôle pour espérer *un ciel nouveau et une terre nouvelle* où *« on ne fait plus de mal ni de violence »* (Is65, 17-25).

C'est dans cette optique que cet ouvrage veut apporter sa part en proposant un tournant féminin et féministe libérateur à partir de cas des femmes et filles violées.

1.7. Structuration de l'ouvrage

Après la problématique, le premier chapitre parlera essentiellement des femmes violées, victimes des atrocités d'une situation de guerre, d'une part ; et, d'autre part, de la pastorale de l'Église à leur égard. Nous commencerons par resituer le contexte général qui a conduit aux guerres dont les femmes sont victimes : les antécédents historiques, les enjeux géopolitiques dans la région, les parties adverses en présence. Ensuite, nous analyserons le phénomène du viol des femmes comme arme et/ou tactique de guerres ; nous en scruterons les causes profondes, les objectifs, les effets et les conséquences sur les femmes et sur la société, en déplorant le rejet des violées et l'impunité des violeurs qui ont caractérisé l'attitude de la communauté en général. Enfin, nous parlerons de la pastorale déployée par l'Église locale pendant cette situation des guerres : ses réussites, ses échecs et ses insuffisances ainsi que les défis socio-pastoraux auxquels s'est heurtée notre pastorale antérieure auprès des femmes violées.

Ces défis nous permettront de réfléchir en profondeur pour ressortir les enjeux de fond et le fond de fond. Ainsi, sera-t-il évident de constater que par rapport à la question des femmes violées, l'attitude, la manière de faire, les réactions et les prises de position de la communauté tant civile qu'ecclésiale ainsi que la pastorale de l'obligation chrétienne du pardon déployée en ce moment-là pour des raisons qui seront évoquées plus loin, n'étaient pas de nature à aider les femmes violées à se remettre debout. Ni à leur manifester la tendresse de Dieu ; moins encore à apporter une réponse à leur double souffrance, à leur soif de justice et de dignité, à leurs inquiétudes et à la quête du sens de leurs vies. Ce qui justifie et explique leur sentiment de révolte suivi de la rupture de certaines d'elles d'avec l'Église et ses sacrements. Le cas de Sylvie est illustratif de cette situation de prise de distance par rapport à l'Église institutionnelle.

Ce constat impose d'évoquer et de traiter, dans le deuxième chapitre de l'ouvrage, les questions de fond. Il nous semble pertinent d'attaquer avant tout les problèmes-causes avant de traiter de problèmes-conséquences. Tant qu'il est vrai cet adage latin « *sublata causa, tollitur effectus* » (La cause supprimée, l'effet disparaît).

Ce chapitre portera donc sur *la place de la femme dans le monde et dans l'Église.* Il débordera volontiers et constamment la question du viol et montrera la pertinence et l'urgence d'une transformation profonde dans la manière de concevoir et de faire la pastorale. Elle prônera la nécessité de mettre en œuvre une véritable pastorale du partenariat *ontologique* et inclusif homme-femme. Elle proposera la clé de la réussite de cette mise en œuvre pour qu'elle soit effective, réaliste, concrète dans l'Église et dans la société débouchant sur une conception renouvelée des notions du sacré, de la sexualité et du pouvoir. De telle sorte qu'elles deviennent source d'ouverture, de tendresse et d'humanisation.

Le troisième chapitre, pratico-pratique, présentera les pistes pastorales engageantes, libératrices, pratiques et concrètes pour une transformation sociale, culturelle, religieuse susceptibles de remettre debout les femmes violées, de faciliter leur réinsertion pastorale et socio-économique, de travailler pour leur autonomisation en faveur d'une société et d'une Église justes et respectueuses.

C'est tout un programme de reconstruction et transformation sociales que nous exposerons sur l'espace public à la fois politique et ecclésial.

Nous signalons d'ores et déjà que cet ouvrage ne saura être exhaustif s'il n'est pas suivi par une réflexion approfondie sur la question du pardon et ses conditions de possibilité face au mal radical, notamment celui du viol des femmes. Nous proposons donc de l'approfondir dans nos travaux ultérieurs dont le tout prochain sera un complément logique de celui-ci et portera sur *la réappropriation dynamique et libératrice de l'Évangile de Jésus-Christ dans les sociétés africaines postcoloniales. Du tournant prophétique au tournant féministe des théologies africaines postcoloniales.* Il s'agit encore ici d'une délimitation provisoire du champ heuristique, épistémique et politique des recherches doctorales que nous poursuivons à l'Université de Montréal.

Nous voulons répondre plus précisément à la question cruciale de l'impact politique et social des théologies africaines de la libération holistique, en nous focalisant sur les problématiques de la marginalisation des femmes dans les sociétés africaines postcoloniales et leurs incidences épistémiques dans le tournant prophétique amorcé par Jean-Marc Ela[44] et radicalisé par Benoît Awazi Mbambi

[44]Nous nous limiterons à la synthèse magistrale et prophétique de sa théologie de la libération intégrale des pauvres dans son *ouvrage testamentaire* : *Repenser la théologie africaine. Le Dieu qui libère*, Karthala, Paris, 2003. Nous nous inspirerons aussi des clés herméneutiques charriées dans les articles récapitulatifs et prospectifs de : Benoît Awazi Mbambi Kungua, *« Jean-Marc Ela, Dieu et l'Afrique. Repenser Dieu en Afrique et repenser l'Afrique en Dieu Une approche christologique, prophétique et politique* », in B. AWAZI

Kungua[45] dans ces quatre ouvrages sélectionnés dans cette recherche.

La foi au Christ vivant parmi nous doit devenir, *hic et nunc,* le ferment pour la transformation politique et spirituelle des sociétés africaines contemporaines.

Le tournant féminin et féministe de la théologie en Afrique subsaharienne s'inscrit justement dans cette dynamique de réappropriation prophétique et émancipatrice du message du salut en et par Jésus-Christ.

MBAMBI KUNGUA (Dir.), *Dieu et l'Afrique. Une approche prophétique, émancipatrice et pluridisciplinaire, Afroscopie VI/2016*, (Revue savante et pluridisciplinaire sur l'Afrique et les communautés noires), publiée par Le Cerclecad-Harmattan, Ottawa-Paris, 2016, pp. 41-60 & Henri Touaboy, « *La libération », catégorie et paradigme éthico-théologique chez J.-M. Ela : Intuitions et pertinence pour l'Afrique aujourd'hui* », in : *Afroscopie VI/2016,* op. cit., pp. 61-76. Lire aussi l'article de Benoît Awazi Mbambi Kungua, « *Les métamorphoses de la Théologie négro-africaine de la libération. Quatre théologiens camerounais : Mveng, Eboussi, Hebga, Ela* », *Nouvelle Revue Théologique,* Avril-Juin 2002, Tome 124/2, pp. 238-251.

[45]Nous essayons les principales intuitions théologiques, mystiques et politiques qui sous-tendent le tournant prophétique dans quatre ouvrages sélectionnés dans cette recherche : Benoît Awazi Mbambi Kungua, *Le Dieu Crucifié en Afrique. Esquisse d'une Christologie négro-africaine de la libération holistique,* L'Harmattan, Paris, 2008, 330 pages ; Id., *De la Postcolonie à la Mondialisation néolibérale. Radioscopie éthique de la crise négro-africaine contemporaine,* L'Harmattan, Paris, 2011, 204 pages ; Id., *Déconstruction phénoménologique et théologique de la modernité occidentale : Michel Henry, Jean-Luc Marion et Hans Urs von Balthasar*, L'Harmattan, Paris, 2014, 316 pages ; Id., *Le Tournant prophétique de la théologie négro-africaine de la libération. De la Performativité de la Deutérose,* L'Harmattan, Paris, 2017.

2. PROBLEMATIQUE

Le ministère sacerdotal, je l'ai commencé au lendemain des guerres dites « de libération » qui ont ravagé la RD Congo en 1996 et de 1998 à 2003, avec plusieurs conséquences graves dont les viols de femmes et la destruction du tissu social.

Ordonné prêtre en 2004 et nommé à Punia et Kasese, paroisses rurales à l'extrême nord du diocèse, à 400 kilomètres de Kindu, j'ai expérimenté de très près la double peine qu'ont subie de nombreuses femmes : le viol, d'une part, et le rejet par la communauté, d'autre part. La destruction des infrastructures sanitaires et routières ne facilitait pas, pour les femmes violées, l'accès à Kindu, chef-lieu de la province du Maniema et siège épiscopal, où elles auraient pu trouver des structures capables de les prendre en charge pour les écouter et les aider.

Beaucoup d'entre elles ont été abandonnées, rejetées par leur mari et par la société. Parmi elles, certaines se confiaient plutôt à la paroisse. Tel est le cas de Sylvie, fille du catéchiste, dont j'ai parlé précédemment. Ces femmes violées exprimaient à la paroisse, sur tous les tons, leur peine, leur désolation et leur déception. Leur peine était encore plus grande quand elles connaissaient l'un ou l'autre auteur de ces viols. D'autant plus que parmi ceux-ci, il y avait des hommes de la région. Quelques-uns d'entre eux étaient de la même église que leurs victimes. D'autres violeurs circulaient librement et étaient même promus « généraux » dans l'armée gouvernementale. Les plaintes ainsi que les besoins multiples et variés des victimes n'étaient pas du tout pris en compte dans ces lieux très reculés du diocèse.

Et celles qui fréquentaient la paroisse se sont heurtées aux directives et orientations pastorales interdisant l'avortement même en cas des viols ; rappelant sans cesse le bien-fondé de la doctrine et de la position traditionnelle de l'Église sur l'avortement, sur la souffrance des innocents, sur le commandement de l'amour, sur la pratique du pardon, sur le non découragement, sur l'amour des ennemis, tel qu'enseigné traditionnellement par l'Église comme dans l'encyclique *Mater et Magistra*. La pastorale déployée en moment de guerre (que nous aurons à développer plus loin) était fort orientée vers la promotion de la justice, de la paix, de l'unité, du pardon et de l'amour[46]. En cherchant à privilégier la quête de la paix, la tentation était d'inviter, tout de suite, ces femmes violées à pardonner généreusement à leurs bourreaux. L'obligation chrétienne du pardon était au rendez-vous dans la prédication : il faut pardonner, on doit pardonner aux autres, précepte chrétien à vivre. En même temps, je sentais que le message ne passait pas. À vrai dire, leur volonté de pardonner ne se heurtait-elle pas à des réticences venues de sentiments et d'émotions qui demandaient, eux aussi, à être écoutés ?

L'approche pastorale dans ce contexte, ne restait-elle pas dans les nuages de la doctrine traditionnelle de l'Église au lieu d'atterrir pour répondre aux attentes et aux besoins du moment des femmes violées ? Une telle approche pouvait-elle donner du fruit ?

En tant que pasteur, je restais insatisfait du fait que les exhortations, les prédications et même les prières d'absolution prononcées plusieurs fois sur celles qui se confessaient, n'apportaient pas une réponse aux inquiétudes des violées. C'est cela qui reste, pour moi, le défi pastoral à relever. Puisque les questions

---

[46]Cf. *Message de la VI ème Assemblée Plénière de l'ACEAC aux fidèles catholiques de la sous-région des Grands Lacs et aux hommes de bonne volonté. " Contribution de l'Église catholique au processus de paix dans la sous-région des Grands Lacs" Recherchons ...ce qui contribue à la paix" (Rm 14,19)"*, du 17 mai 2002.

suivantes méritent des réponses concrètes, contextualisées et qui libèrent.

Que représente pour ces violées doublement blessées, la tendresse de Dieu ? Quelle attitude pastorale adopter qui puisse panser les blessures et aider ces femmes et ces filles violées à se remettre debout et à prendre en main leur destin ? Quel style pastoral et quel accompagnement socio-pastoral mettre en œuvre aujourd'hui pour dire Dieu de façon juste, crédible et audible dans ce cas précis des femmes violées ? Quel mécanisme mettre en œuvre pour attaquer ce mal par ses racines ?

Face à ce défi pastoral, le travail propose de trouver une attitude et une parole qui soient justes et appropriées pour dire Dieu et manifester sa tendresse aux femmes violées en particulier et à toutes les femmes en général. Pour ce faire, avant de présenter les défis socio-pastoraux qui en découlent, il sera question de montrer comment les femmes ont été victimes innocentes des guerres, d'une part, et d'analyser la pastorale déployée par l'Église locale à leur égard, d'autre part. De ce fait, il sera resitué le contexte général qui a conduit aux guerres (les antécédents historiques, les enjeux géopolitiques dans la région, les parties adverses en présence) dont les femmes sont victimes. Ensuite, avant de chercher à comprendre la pastorale de l'Église à l'égard des femmes violées (ses réussites, ses échecs, ses insuffisances), il s'agira, d'une part, de chercher à savoir pourquoi les femmes sont victimes de viols et, d'autre part, de tenter d'expliquer l'attitude de la communauté tant civile que chrétienne par rapport aux violées et aux violeurs.

Dans l'autre sens, ils seront définis l'attitude et le style pastoraux à adopter par rapport aux femmes et aux filles violées et qui soient capables d'être Bonne Nouvelle pour elles et pour les violeurs ; qui redonnent sens à leur vie et leur manifestent l'amour et la tendresse de Dieu. Nous

nous interrogerons sur la condition et la place de la femme aujourd'hui dans le monde et dans l'Église avant d'évoquer l'urgence de la mise en œuvre dans l'Église d'une pastorale du partenariat *ontologique* et inclusif homme-femme. Par ailleurs, les pistes et les actions transformatrices, pratico-pratiques qui aident les violées à se remettre debout et d'être auteures et actrices d'un tournant décisif et libérateur pour l'avènement d'un monde équilibré et plus humain où il fait beau vivre.

CHAPITRE PREMIER

Les femmes victimes de la guerre et la pastorale de l'Église à leur égard

1.0. Introduction

Ce premier chapitre s'articulera essentiellement autour de deux points. Le premier vise à montrer combien les femmes ont systématiquement été violées, victimes *innocentes* des guerres. Et le second consistera à analyser la pastorale que l'Église locale a déployée à l'égard des violées dans la situation doublement pénible qui était la leur. Pour ce faire, il resituera d'abord le contexte des guerres dont les femmes ont été les premières victimes, à savoir : les antécédents historiques, les enjeux géopolitiques dans la région, les parties adverses en présence. Ensuite, il parlera de viols des femmes comme arme, tactique ou stratégie de guerre et ses conséquences personnelles et sociales. Et il tentera, enfin, d'expliquer l'attitude de la communauté tant civile que chrétienne face aux violées. C'est seulement après que sera analysée la pastorale déployée par l'Église locale à l'égard des violées : ses options, ses réalisations, ses réussites, ses insuffisances. Et partant, plusieurs enjeux et défis socio-pastoraux qui en découlent seront présentés.

1.1. Les femmes victimes des atrocités d'une situation de guerre

Les viols des femmes et des filles à Kasese comme dans tout l'Est de la République démocratique du Congo, constituent les « crimes les plus honteux et les plus graves que l'humanité ait jamais connus en ce 21e siècle (…). 80% de ces crimes commis sur l'ensemble du territoire national se répartissent essentiellement entre deux provinces de l'Est du pays les plus touchées par les effets de la guerre à savoir, le Sud-Kivu et le Nord-Kivu[47] ». En effet, depuis plusieurs décennies, « la femme de la République démocratique du Congo et plus spécialement à l'Est du pays a été victime de conflits dont elle n'est ni l'instigatrice, ni la protagoniste[48] ». Pour savoir comment on en est arrivé là, situons brièvement les contextes lointains et immédiats des guerres.

1.1.1. Le contexte des guerres et les enjeux géopolitiques[49]

Les antécédents historiques des conflits armés en République démocratique du Congo sont nombreux et variés. D'aucuns trouvent le contexte lointain de ces conflits dont les femmes ne cessent d'être victimes, dans la fin du bloc communiste, dans des tensions entre

[47]Discours de son Excellence Monsieur Alexis Thambwe Mwamba, Ministre des Affaires étrangères au débat général de la 64e session ordinaire de l'Assemblée générale des Nations unies, New York, le 28 septembre 2009, in *http://responsibilitytoprotect.org/CD_fr.pdf* (Consulté le 2 juillet 2013).

[48]M. MWIRA, *La Paix à l'Est de la République démocratique du Congo*, Goma, novembre 2007, in *www.irenees.net/.../bdf_fiche-analyse-778_fr.html*(Consulté le 2 juillet 2013).

[49]La réflexion qui se déploie ici et qui suivra sur le contexte des guerres et les enjeux géopolitiques, s'inspire de l'ouvrage, pour nous objectif et légitime, de S. MANTOUX, *République Démocratique du Congo: chronique d'une guerre sans fin ? (part.1)*, in *http://www.agoravox.fr/actualites/international/article/republique-democratique-du-congo-63954* (Consulté le 2 juillet 2013). « Agrégé d'histoire (2009) après un cursus universitaire à Dijon (licence, master, puis concours de l'enseignement), Stéphane Mantoux (…) tient depuis janvier 2010 le blog Historicoblog et collabore depuis plus de 6 ans à différents magazines de la presse spécialisée en histoire militaire » (Cf. *http://lautrecotedelacolline.blogspot.be/p/les-contributeurs.html* (Consulté le 13 juillet 2013).

diverses communautés ethniques et dans les retombées du génocide rwandais de 1994. « Les tensions s'étaient ravivées dans le pays avec la chute du mur de Berlin et la fin du bloc communiste. De fait, dans les années 90, le Zaïre a connu des affrontements armés entre différentes communautés, d'autres violences découlant de l'épisode tristement célèbre du génocide rwandais de 1994[50] ». Les points qui suivent tentent de retracer le contexte des guerres et d'en déterminer les différentes périodes.

1.1.1.1. De la fin du règne de Mobutu aux guerres dites de libération (1993-2003)

Le premier antécédent est à chercher dans les massacres de mars 1993 au Nord-Kivu. Pour certains, ces massacres étaient un signe révélateur des tensions inter-ethniques qui existaient déjà dans cette partie du Congo. Ils constituent d'ailleurs « un épisode rarement abordé, éclipsé par la question rwandaise immédiatement postérieure, alors qu'il est pourtant très instructif sur les logiques de conflit dans ce qui est encore le Zaïre de Mobutu[51] ».

Les tensions qui avaient conduit aux massacres de mars 1993, étaient liées essentiellement à la présence importante des populations rwandophones sur le sol congolais. Leur problème était d'accéder, eux aussi, aux pouvoirs politiques, d'une part et d'autre part, de posséder la terre.

Il est important de le souligner. Une grande partie de la population du Nord-Kivu est constituée des Banyarwanda.

---

[50]S. MANTOUX, *République Démocratique du Congo : chronique d'une guerre sans fin ? (part.*1), in *http://www.agoravox.fr/actualites/international/article/republique-democratique-du-congo-63954* (Consulté le 2 juillet 2013).

[51]P. MATHIEU et alii, « Compétition *foncière, confusion politique et violences au Kivu : des dérives irréversibles ?* », cité par S. MANTOUX, *Op.Cit.*

Parmi ces derniers, certains y sont arrivés avant même la période coloniale. D'autres, y sont installés pendant la période coloniale vers les années 1937. D'autres encore y sont venus après la colonisation dans les années qui ont suivi l'indépendance du Rwanda, fuyant ainsi les conflits qui les opposaient aux Tutsis. Et du coup, vers les années 1993, les Banyarwanda devenaient plus nombreux que les autochtones, notamment à Masisi. Entre les autochtones et les rwandophones, l'opposition était déjà très présente. Laquelle opposition était alimentée par plusieurs facteurs dont la déficience des structures étatiques dans la gestion de la question de nationalité des populations rwandophones. Ces tensions ont fini par exploser jusqu'aux massacres qui ont eu lieu en mars 1993.

Ce qui vient encore amplifier les conflits déjà existants, ce sont les répercussions du génocide rwandais de 1994. Ces répercussions constituent le deuxième antécédent historique dont il faut prendre en compte.

« Dès la période coloniale et jusqu'en 1993, les autochtones s'opposent (…) aux Banyarwanda, vus parfois comme des envahisseurs étrangers dont on craint qu'ils ne prennent le pouvoir politique de par le nombre, et le pouvoir économique par l'accaparement des terres. La question de la nationalité zaïroise recoupe ces deux problèmes car elle détermine, largement, l'accès à la propriété foncière. Entretemps (…) le statut de 1982 prive de leur nationalité zaïroise les rwandophones qui l'avaient acquise par la loi de 1972. Une opération de recensement en 1991 en vue des élections régionales ne peut pas dresser la liste des ''nationaux'' car les Hutus (…) chassent les agents de l'État. Les violences locales se multiplient entre 1992 et 1993 dans le Masisi. Le 20 mars 1993, des groupes de jeunes hunde, nyanga et tembo, principales ethnies autochtones, déclenchent le premier massacre de paysans hutus sur le marché de Ntoto (…), un premier choc suivi de bien d'autres. Les groupes d'autodéfense hutus du Masisi s'en prennent alors aux Hunde. (…) on compte entre 3 et 14 000 morts durant les affrontements qui provoquent également le déplacement de plus de 200 000 habitants. Ce n'est qu'entre novembre 1993 et août 1994 que la situation s'apaise, sous l'effet (…) du déploiement de troupes de la division spéciale présidentielle et d'un intense travail de communication associant agents officiels, société civile et chefs coutumiers. Il est significatif que ces affrontements aient été provoqués et alimentés par des paysans pauvres[52] ».

Le moins que l'on puisse dire à ce niveau, c'est que dans ces tensions et ces massacres qui constituent des antécédents historiques, rien n'est signalé de particulier par rapport aux viols des femmes comme arme de guerre, comme il en sera question dans la première et la deuxième guerre dite de libération.

En ce qui concerne le génocide rwandais de 1994, il est important d'en préciser l'élément déclencheur, les conséquences sur le sol congolais et ses effets amplificateurs des conflits déjà existant à l'Est de la RD Congo.

« Le 6 avril 1994, l'avion transportant les présidents du Rwanda (hutu) et du Burundi est abattu (…). Cet attentat intervient alors que le pouvoir hutu du Rwanda est menacé par l'offensive de l'Armée Patriotique Rwandaise, composée de Tutsis, opérant depuis l'Ouganda, et dirigée par Paul Kagame (…) un militaire formé aux États-Unis après avoir combattu dans la rébellion ougandaise ayant porté Museveni au pouvoir sur place en 1986. L'attentat a pour effet de déclencher le génocide des Tutsis et des Hutus modérés, également, par le pouvoir hutu encore en place face à l'offensive de l'APR. (…) L'APR, plus cohérente et structurée que sa rivale, les Forces Armées Rwandaises (FAR), pourtant armées et soutenues par la France, balaye

---

[52]S. MANTOUX, *Op.Cit.*

tout devant elle et entre à Kigali en juillet 1994. La débandade des FAR consécutive à la poussée de l'APR (…) a pour conséquence de déporter la guerre au Kivu, à l'est du Zaïre : protégés par les soldats français de l'opération Turquoise, ce ne sont pas moins d'1,2 millions de réfugiés hutus qui se déversent en flots tumultueux dans cette région. Parmi eux (…) anciens membres des FAR et des milices interahamwe, principaux responsables du génocide, et qui trouvent asile, en particulier, dans des camps au Nord-Kivu[53] ».

Entretemps, de l'autre côté au Sud-Kivu, on a la présence non négligeable des Banyamulenge[54] qui ont également les mêmes difficultés et qui posent les mêmes problèmes que les rwandophones installés au Nord-Kivu. Les Banyamulenge étaient d'ailleurs fort nombreux à s'impliquer dans la lutte menée, en RD Congo, par l'Alliance des Forces Démocratiques pour la Libération du Congo, AFDL en sigle lors de la première guerre de 1996. Et déjà en 1994, ils s'étaient ralliés à l'Armée Patriotique Rwandaise, APR en sigle, pour l'aider à renverser le pouvoir au Rwanda dont la victoire avait pour conséquence la fuite des milliers de Hutus à l'Est de la RD Congo.

---

[53]S. MANTOUX, *Op.Cit.*

[54]Les Banyamulenge sont « les descendants de pasteurs tutsis installés au Sud-Kivu au début du XIXème siècle. Leur nombre demeure inconnu puisqu'ils se considèrent comme Zaïrois jusqu'en 1976, date où ils optent pour l'appellation de Banyamulenge (Mulenge est le nom du premier village où ils se sont installés après leur migration) afin de se démarquer du reste de la population. Devenus apatrides de par la loi sur la nationalité de 1982, ils avaient jusque-là plutôt collaboré avec le pouvoir central, participant à l'écrasement de la rébellion des Simba en 1965 et obtenant des postes dans l'armée, et même un député. La détérioration de leur situation au cours des années 90 s'accélère : leurs richesses sont lorgnées par certains autochtones et certains hommes politiques du pouvoir central, tout comme au Nord-Kivu » (Cf. S. MANTOUX, *Op.Cit.*).

L'arrivée à l'Est de la RD Congo « des réfugiés hutus chassés par APR va entraîner une recomposition : les Hutus zaïrois rejoignent les ex-FAR et les anciens *interahamwe* tandis que les Tutsis zaïrois font front commun avec les autochtones. Cette seconde guerre dans le Masisi, en 1995-1996, sert ainsi à installer sur place les Hutus rwandais qui, rétribués par Mobutu et le pouvoir central zaïrois, servent à la fois de dispensateurs des basses-œuvres pour le régime sur le plan local, tout en permettant d'harceler le nouveau régime tutsi de Kigali dans le Rwanda voisin[55] ». Ainsi s'amplifient-elles les tensions dans cette partie du pays qui aboutiront à la première guerre dite de libération avec la chute de Mobutu.

1.1.1.2. La première guerre dite de libération (1996-1997)

Le premier conflit armé dont on a déploré le viol des femmes, utilisé comme arme et/ou tactique de guerre, a été « déclenchée sur le sol zaïrois par le Rwanda, dont l'objectif premier est de se débarrasser des camps de réfugiés des Kivus qui servent de base arrière aux combattants Hutus des ex-FAR et interahamwe pour leur entraînement, leur approvisionnement et leur repli après les attaques au Rwanda même. (...) Un objectif second du Rwanda est bien de se constituer un glacis à l'ouest, au-delà de l'élimination des camps proprement dite[56] ». Pour ce faire, au troisième trimestre de l'année 1996, menés par le pouvoir rwandais, les Banyamulenge attaquent les camps des réfugiés du Sud-Kivu. Et puisque tout se déroule sur le sol congolais, et pour des raisons stratégiques, il fallait donner une couleur locale à ces nouveaux conflits en mettant en avant les Congolais eux-mêmes dont L-D Kabila.

---

[55] S. MANTOUX, *Op.Cit.*
[56] *Ibid.*

C'est ainsi que, derrière cette guerre se trouve l'ascension de Laurent Désiré Kabila[57], ancien chef rebelle du Parti de la Révolution Populaire, PRP en sigle. Il est placé par le Rwanda et l'Ouganda, à la tête de l'AFDL avec pour mission de chasser Mobutu au pouvoir. Et effectivement, le 17 mai 1997, Kabila prend le pouvoir et change l'appellation du pays qui redevient République démocratique du Congo.

Malheureusement, la victoire de Kabila ne durera pas longtemps. Car, sa décision de faire partir, tout de suite, du Congo ses alliés d'hier, le Rwanda et l'Ouganda qui l'ont aidé à prendre le pouvoir et qui ont pensé l'utiliser pour leurs intérêts, va donc déclencher la deuxième guerre. « Kabila prend un train de mesures, le 27 juillet 1998, directement tourné contre l'ingérence trop visible du Rwanda et de l'Ouganda dans l'est de la RDC. La réaction est instantanée : un nouveau mouvement, le Rassemblement Congolais pour la Démocratie (RCD), sort de terre, sous l'ombre bienveillante des deux États s'estimant mal traités par Kabila (…). Les troupes qui assaillent alors la capitale congolaise sont formées de rebelles tutsis issus de l'armée nationale, de Banyamulenge, de soldats rwandais, mais aussi d'anciens membres de l'armée mobutiste que les assaillants ont ''récupéré'' sur la base de Kitona[58] ».

1.1.1.3. La deuxième guerre dite de libération (1998-2003)

Ici, les viols des femmes comme arme de guerre ont été perpétrés à grande échelle. Plus longue et plus meurtrière, la deuxième guerre dite de libération a cette particularité de voir s'impliquer plusieurs pays de l'Afrique centrale.

---

[57]J.-C. WILLAME, « *Laurent Désiré Kabila : les origines d'une anabase* », cité par S. MANTOUX, *Op.Cit.*
[58]S. MANTOUX, *Op.Cit.*

D'où, plusieurs parties adverses en présence. C'est à juste titre qu'elle a été considérée comme ‘' première guerre continentale africaine''.

Plusieurs pays africains y ont été impliqués : Le Rwanda, l'Ouganda, le Burundi ont appuyé la rébellion. Tandis que l'Angola, le Zimbabwe, la Namibie et le Tchad, ont soutenu le gouvernement de la RD Congo. Cependant, les enjeux, les objectifs et les intérêts poursuivis par les uns et les autres sont multiples.

« La guerre est cette fois une pure entreprise de prédation : il s'agit de s'assurer la position la plus confortable pour exploiter les ressources naturelles de la RDC qui sont à prendre après (…) l'instabilité d'un nouveau régime qu'on juge ne pas devoir durer. La rébellion du RCD, très hétéroclite, ne tient qu'à la bonne volonté de ses deux protecteurs. Or le Rwanda et l'Ouganda vont s'opposer sur les suites à donner au conflit (…) une scission se produit entre le RCD-Goma, d'obédience rwandaise, et le RCD-Mouvement de Libération (ML) basé à Kisangani, soutenu par l'Ouganda. À l'automne, Jean-Pierre Bemba crée un autre mouvement dissident, le Mouvement de Libération du Congo (MLC). Les dirigeants de ces factions (…) toisent de haut Kabila ; lequel finit par être assassiné le 16 janvier 2001. Lui succède son fils Joseph, qui, à la surprise générale, tient la barre et redresse même la situation. Il parvient à se rallier le RCD-ML anciennement inféodé à l'Ouganda. La rivalité entre le Rwanda et l'Ouganda détermine alors une grande partie des affrontements armés dans l'est de la RDC[59] ».

Et dans tous ces affrontements, des vies humaines sont détruites et de nombreuses femmes sont systématiquement violées. Pourquoi tant de viols de femmes ? Pour répondre à cette question, il convient de s'interroger sur les

---

[59]S. MANTOUX, *Op.Cit.*

véritables enjeux de ces guerres. Au fait, « le résultat mitigé de la première guerre, au regard de ses objectifs essentiellement sécuritaires, firent planer des doutes sur les véritables enjeux de cette nouvelle guerre dont beaucoup d'observateurs pensaient que la mainmise sur les fabuleuses ressources minières du Congo représenterait une motivation plus importante que les questions sécuritaires et stratégiques officiellement avancées [60] ». Comme on peut le constater, « la guerre en RDC est une guerre de prédation, une guerre de ressources, et aussi une guerre de terre (…) le nerf de la guerre c'est l'exploitation des ressources naturelles sur fond de balkanisation[61]» avec comme stratégie le viol des femmes.

1.1.2. Le viol comme arme de guerre : pourquoi et dans quels buts[62] ?

Pour savoir les buts des viols, il est important de reconnaître que le viol a été utilisé comme stratégie, tactique de guerre.

1.1.2.1. Le viol, une tactique de guerre

L'insatisfaction dans ma pastorale antérieure auprès des personnes violées m'a poussé à une analyse approfondie pour découvrir les causes profondes de ce phénomène, d'une part, et d'autre part, trouver une attitude et une pastorale qui puissent le mieux manifester la tendresse de Dieu aux victimes des viols et apporter pour l'avenir, remèdes et

---

[60]M. MWIRA, *Op.Cit.*

[61]L. GUINAMARD, *Survivantes. Femmes violées dans la guerre en République Démocratique du Congo*, éditions de l'Atelier, Paris, 2010, p. 45.

[62]La réflexion qui suit s'inspire de l'analyse de Justice et Paix belge francophone, de la plume d'A. BOUVY, in *http://www.justicepaix.be/article39* (consulté le 28 janvier 2013).

solutions durables pour une société et une Église justes et respectueuses. Pour trouver une parole qui convient, n'est-il pas indispensable de chercher d'abord à connaître pourquoi le viol « acquiert une telle dimension, l'enfonçant encore plus loin dans la barbarie, lorsqu'il est utilisé comme une tactique réfléchie, planifiée et systématique dans le cadre d'une guerre[63] » ? Avant les années de guerre (1996 -2003), jamais les paroisses rurales de Kindu n'avaient enregistré un très grand nombre des femmes violées. Ces cas de viol d'une telle ampleur étaient un phénomène nouveau pour ces paroisses en particulier et pour le Congo en général. C'est pendant ces guerres que « des viols sont par ailleurs commis dans l'ensemble du pays, tant par des groupes armés incontrôlés que par les militaires et policiers congolais, mais ces derniers n'entrent pas toujours nécessairement dans le cadre d'une tactique de guerre. Si ce sont les jeunes femmes qui en sont le plus souvent victimes, les fillettes de très bas âge comme les femmes âgées ne sont pas épargnées[64] ».

À Kasese comme « dans de nombreuses régions de l'est congolais, le phénomène a atteint des proportions plus qu'effrayantes, certains responsables d'ONG internationales au Kivu n'hésitant pas à parler de plus de 80% de femmes violées dans ces provinces (...). Ceux-ci continuent d'être commis actuellement, et ce particulièrement, dans les zones les plus insécurisées[65] ».

Il ressort donc qu'à Kasese, comme dans le reste du pays, les filles et les femmes ont subi le viol - commis par les milices armées et par des combattants de toutes sortes- lors des guerres vécues en RDC entre 1996-2003. Le viol a été

---

[63] A. BOUVY, *Le viol comme tactique de guerre. Le cas de la République Démocratique du Congo. Commission Justice et Paix belge francophone*, asbl : *Analyse 2007*, in *http://www.justicepaix.be/article39* (consulté le 28 janvier 2013).
[64] *Ibid.*
[65] *Ibid.*

utilisé comme arme de guerre. De ce qui précède, certains estiment même qu'il faut exclure tout commentaire qui tenterait de lier ces viols à la seule barbarie des coutumes sauvages. Par contre, les causes sont à chercher ailleurs. Pour bien trouver le remède à tous les niveaux, il est important de connaitre les causes des viols. D'autant plus que, « s'il y a réellement tactique de guerre, alors il y a lieu d'en identifier les ordonnateurs et de placer chacun face à ses responsabilités plutôt que de se contenter d'une responsabilité diluée ou rejetée sur un autre. S'il y a tactique, il convient de déterminer d'où viennent les commandements. Or, quels sont les coupables ? (...). Ceux qui ne parviennent pas à maintenir l'ordre et la justice au Congo ? Ceux qui exploitent le chaos pour faire leurs affaires dans les carrés miniers ? Y a-t-il un grand ordonnateur à ces exactions ? On décèle plutôt différentes sphères de responsabilité, différentes entités qui peuvent trouver un intérêt au maintien du chaos et à l'avilissement des populations[66] ».

1.1.2.2. Causes et objectifs des viols

Les viols des femmes sont utilisés comme une « arme de destruction massive[67] ». La femme est « réduite au niveau d'une arme (biologique) de guerre lorsqu'on la viole, non pour assouvir de ''prétendus besoins sexuels'', mais plutôt dans le but avoué et affiché d'humilier l'adversaire, de briser son moral et de casser la résistance d'une société entière. (...) les femmes mariées ont été violées publiquement, devant leurs maris, leurs parents et leurs enfants ; afin de punir les maris soupçonnés de collaborer avec les ennemis ; des membres d'une même famille ont été forcés à l'inceste en public, afin de déstructurer les familles et de vider les villages (...) les

---

[66]Cf. L. GUINAMARD, *Op.Cit.* , *p*. 39.
[67]Id., *Op. cit.,* p. 38.

femmes ont été violées en masse avec pour objectif avoué de contaminer une région entière avec les MST ou de les rendre systématiquement enceintes, pour peupler une contrée d'enfants issus de la race de l'agresseur[68] ». Ces viols ont donc été commis pour parvenir aux objectifs visés. Dans plusieurs cas, pour les violeurs, le viol ne constitue du tout pas un objectif en soi, mais plutôt un moyen pour atteindre l'objectif qui est ailleurs. Dans ce sens, pour trouver une attitude pastorale juste et pour avoir une parole pastorale adaptée et qui soit pertinente face au phénomène du viol des femmes, il nous semble intéressant de ne pas perdre de vue les points importants suivants.

Les objectifs visés sont plutôt inscrits dans les enjeux géopolitiques : quête du pouvoir, mainmise sur les richesses du pays, lutte contre les structures injustes, accès et possession des terres, etc. Surtout que Kasese est une zone essentiellement minière qui fournit beaucoup de minerais, principalement les cassitérites et les coltans[69].

Il faut tenir compte aussi du fait que ce n'est pas non plus parce que les femmes sont faibles qu'elles sont violées. Au contraire, c'est parce qu'elles sont *le véritable pilier de la société par leur rôle familial et leur force de travail*[70] . Car « le Congo repose sur les mamans. Elles vont aux champs, élèvent les enfants, font le marché, font à manger, s'occupent de leurs maris. S'attaquer aux femmes revient à paralyser le pays[71] ». Malheureusement, c'est encore la femme qui est la victime de choix. Toucher

---

[68]J. NGALULA, *Op. Cit.*, p. 101.

[69]Le Coltan (Colombite-tantalite), « est un minerai qui contient deux minéraux : la Colombite et la Tantalite. Il se retrouve dans certains composants électroniques dont les téléphones portables. La région du Kivu détient entre 60 et 80 % des réserves mondiales » (Cf. L. GUINAMARD, *Op.cit.,* p. 39).

[70]M. DECHAMPS, *Violences sexuelles en RDC, un poison lent*, in *Dialogue*, 243 (2008), p. 71.

[71]*Ibid.*

à la femme, à ce qui est le plus précieux, c'est désarmer toute la communauté. Le viol est ainsi devenu un instrument pour faire mention de sa présence et faire pression pour obtenir le changement. Certains groupes armés disent que pour gagner la guerre il faut passer par là[72].

Les violeurs le savent bien. Pour eux, la femme est une valeur importante et en la touchant, ils savent qu'ils touchent au cœur même de la société et la déséquilibrent comme il faut ! Avec pour objectifs d'obtenir ce qu'ils cherchent ou pour se faire entendre, ou pour arriver au changement des structures qu'ils jugent inacceptables. La femme ne fait donc que subir. Elle n'y est pour rien. Ce n'est même pas elle qui dirige ces structures à changer, ce n'est pas non plus elle qui possède la terre ni à qui appartient les minerais tant convoités. Et pourtant c'est elle qui devient la cible de choix. Et cela ne va pas sans conséquence grave non seulement pour elle mais aussi pour toute la communauté familiale, communauté civile et même communauté ecclésiale.

1.1.3. Conséquences des viols : Rejet des femmes, impunité des violeurs, destruction du tissu social

Parmi les conséquences des viols faits aux femmes et aux filles, nous pouvons citer, entre autres, le rejet des femmes violées et la destruction du tissu social.

1.1.3.1. Destruction du tissu social

À Kasese comme dans d'autres coins du pays, les conséquences du viol ont un « caractère multidimensionnel et collectif (…) blessure – voire destruction – physique et psychologique mais aussi

[72]Cf. L. GUINAMARD, *Op.cit.* p. 38.

sociale, morale et communautaire. En s'attaquant prioritairement aux femmes, c'est au cœur, à l'essence même de la communauté locale (…) que s'en prennent les assaillants : les femmes jouent en effet un rôle important dans la plupart des traditions africaines (…) en ce qui concerne la prise en charge et l'éducation des enfants, ainsi que le maintien du foyer. Elles représentent aussi très souvent le monde de la maisonnée (…) là-même où sont jalousement gardés et transmis, par les femmes, les traditions et savoirs de la communauté. Forcer ainsi à l'acte sexuel revient à briser l'interdit le plus sacré et fondateur de la communauté, en souillant son intimité la plus profonde[73]».

Plusieurs familles se sont disloquées en milieu rural où tout le monde connaît tout le monde. Quand on viole la maman devant ses enfants et son mari ; quand on viole la fille devant ses parents ; quand on oblige les membres d'une même famille à commettre l'inceste en public, ce ne sont pas seulement les violées qui sont détruites, mais c'est la nature et l'avenir même de la famille qui sont atteints. Les gens ont eu honte de continuer à rester ensemble. Sylvie a dû quitter son milieu pour se réfugier là où elle n'est pas connue.

« Ces conséquences qui se marquent directement dans la chair et l'âme des femmes et de toutes les populations, ont surtout de graves implications à long terme, les communautés s'en trouvant affectées de manière réellement durable [74]». Bien plus, nous pouvons, dans le contexte de Kasese, citer également l'augmentation du taux de maladie du SIDA et aussi des naissances non désirées, issues de viols. Ces enfants sont souvent abandonnés parce que leurs mamans n'éprouvent pas vraiment de l'affection à leur égard.

---

[73]A. BOUVY, *Op.Cit.*

[74]*Ibid.*

De plus, sur le plan culturel, « le viol touche aux tabous, (…) il porte atteinte au caractère sacré de la maternité[75] », il porte atteinte non seulement aux tabous, mais aussi « aux fondements même de la morale, de la culture (…). Le sacré a été détruit. Les gens qui ont commis pareils actes le savent bien. Ils savent que s'ils tuaient, les gens résisteraient. Mais s'ils atteignaient le caractère sacré de leurs coutumes, alors ils réussiront. C'est ce qu'ils ont fait[76] ».

Certaines femmes à Kasese comme ailleurs ont été tuées après le viol. D'autres, après le viol, ont subi aussi des tortures. À Kasika, par exemple, treize femmes ont même été enterrées vivantes après être humiliées et torturées[77]. Dans certains cas, « le viol est systématiquement complété par des profanations, comme le fait de fixer son arme dans le vagin de la femme, comme ''signature'' de son passage, de mutiler les seins ou les organes génitaux après le viol. Tout ceci, comme exécution d'une ''prescription'' de féticheurs, afin de devenir plus puissant pour vaincre les adversaires[78] ». C'est ce qu'ont fait principalement les Maï-Maï dont les fétiches, disaient-ils, assuraient la protection. « Des combattants, écrit Ngalula, ont pensé aspirer l'énergie vitale de la femme pour se rendre invisibles et/ou invincibles face à leurs adversaires, en violant spécialement des vieilles femmes, en prélevant les organes génitaux des femmes encore vivantes pour en faire des colliers amulettes, en éventrant des femmes enceintes[79] ».

---

[75]L. GUINAMARD, *Op. Cit.*, p. 93.
[76]Id., *Op. Cit.*, p. 94.
[77]Cf. M.M.F., E*n marche, jusqu'à ce que toutes les femmes soient libres,* in *http://www.mmf-france.fr/documents/2010Bulletin07.pdf* (Consulté le 13 mai 2013).
[78]J. NGALULA, *Op.Cit.*, p. 102.
[79]*Ibid.,* p. 102.

Les conséquences des viols ne se limitent pas seulement aux victimes, mais affectent d'une manière ou d'une autre toute la famille, toute la société. Elles affectent toutes les personnes, notamment les enfants, témoins de viol.

Eu égard aux conséquences des viols, commis également par les hommes de la région, il convient maintenant de se demander, si la femme constitue encore vraiment une valeur précieuse dans la société et la culture africaines. D'autant plus que, si elle est une valeur, ne pourrait-on pas alors l'impliquer ou mieux encore collaborer avec elle, exploiter toutes ses potentialités, pour toucher les sensibilités de tous afin d'atteindre le changement des structures injustes, de rendre accessibles à tous les richesses du pays ou de posséder telle partie de terre, sans qu'il n'y ait mort d'hommes ni viols ni victimes innocentes ?

1.1.3.2. Rejet des violées et impunité des violeurs

Après le viol, c'est le rejet puis l'exil. En effet, le rejet par leur mari d'une part, et par la communauté d'autre part, ainsi que l'exil en des milieux éloignés, ont doublé la souffrance de nombreuses femmes violées. Par rapport aux victimes, l'attitude de la communauté tant familiale, civile que chrétienne, était celle du rejet et de l'humiliation avec des répercussions sur l'ensemble de la société. D'où l'exil qui les mettait encore dans l'isolement et sans moyens matériels pour bien vivre. Entre temps, la famille est divisée. Du coup, c'est toute la communauté qui en souffre. « L'objectif recherché par les assaillants ne serait-il pas, à travers une destruction communautaire aussi violente, soit de chasser les populations de leurs territoires afin de prendre possession du sol congolais regorgeant de minerais, soit, encore plus prosaïquement, de punir un groupe ou un village particulier du comportement qu'il a adopté à l'égard du groupe armé ?[80] ».

Envers les auteurs, l'impunité, l'injustice et la corruption ont été observées. En RD Congo « les tribunaux et institutions judiciaires demeurent non fonctionnels et l'impunité, la norme [81] ». Pourtant, « la reconnaissance du statut de victime et de la souffrance qui s'y rapporte passe inévitablement par des mécanismes de restauration de la justice[82] ».

De telles attitudes n'ont pas vraiment aidé les femmes violées à se retrouver. Au contraire, elles n'ont fait qu'augmenter leur souffrance. Devant cette pénible situation dans laquelle se trouvent les femmes violées, il convient maintenant de savoir quelle pastorale a été déployée par l'Église locale dans ce contexte de guerres et des viols. Quelle était alors l'attitude de l'Église par rapport aux violées ? L'attitude de l'Église locale a-t-elle rejoint vraiment ces femmes violées et rejetées ?

1.2. La pastorale de l'Église dans cette situation de guerre

Avant de parler de la pastorale déployée par l'église locale en cette période où les femmes ont massivement été violées, il convient de savoir les réactions et l'attitude de l'Église de Grands Lacs.

---

[80]L. GUINAMARD, *Op. Cit.*, p. 38.
[81]A. BOUVY, *Op.cit.*
[82]*Ibid.*

1.2.1. Les réactions et les positions de l'Église de l'Afrique centrale[83]

Face à cette dramatique situation de guerres et de conflits dont des milliers de vies humaines ont été détruites et plusieurs femmes systématiquement violées, les évêques de la RD Congo et ceux des pays des Grands Lacs ne sont pas restés indifférents. Ils se sont prononcé et ont pris position. Et leur position était fort orientée vers la promotion de la justice, de la paix, de l'unité, du pardon et de l'amour. Les directives pastorales pour lesquelles ils ont opté, rappelaient, à travers leur message, que « L'Église est, par sa nature et par sa mission, messagère d'unité et de paix. Il lui revient de rassembler les hommes de provenances diverses en une seule et grande famille. Elle a reçu mission de faire de tous les hommes des frères. Mais, eu égard à la gravité de la crise actuelle (…) nous croyons que cette mission d'évangélisation doit s'intensifier par un engagement plus énergique et plus concret pour instaurer un royaume de justice et de paix, un royaume de pardon et d'amour. Cette Église doit être vécue comme Église Famille de Dieu[84] ».

C'est sur ce ton que les évêques de l'Association des Conférences Épiscopales de l'Afrique Centrale, ACEAC

---

[83]Nous prenons en compte ici les positions et les options prises par « la 6e Assemblée Plénière de l'Association des Conférences Épiscopales de l'Afrique Centrale », ACEAC, réunie à Kigali du 13 au 18 mai 2002. Étaient présents 25 évêques Rd congolais, 8 évêques rwandais et 5 évêques burundais, in *http://www.mafrome.org/aceac.ht*m (Consulté le 2 juillet 2013).

[84]ACEAC, *Contribution de l'Église catholique au processus de paix dans la sous-région des Grands Lacs.*
" Recherchons ...ce qui contribue à la paix" (Rm 14,19)". Message de la VI ème Assemblée Plénière de l'ACEAC aux fidèles catholiques de la sous-région des Grands Lacs et aux hommes de bonne volonté, Kigali du 13 au 18 mai 2002, n°10, in *http://www.mafrome.org/aceac.htm* (Consulté le 2 juillet 2013).

en sigle, convaincus que ce sont la haine tribale et l'hostilité à l'égard des étrangers qui divisent les peuples et causent les conflits, ont adressé leur message dont l'objectif était de chercher la paix dans les pays en guerre. Car, selon les Évêques de l'ACEAC :

« La cause fondamentale de cet état de choses est certainement le Péché qui marque la nature humaine. Il revient à chacun de nous de triompher de ce mal, en lui et autour de lui (...) " La nature humaine secrète depuis les origines des antagonismes qui débouchent sur des conflits et des guerres ". Les divers maux dont sont victimes les peuples de la sous-région des Grands Lacs sont autant de conséquences des péchés (...) Ces péchés ont pour noms aujourd'hui : l'ethnocentrisme, l'égoïsme de certains dirigeants, la perte du sens moral chez bon nombre de personnes, les exclusions mutuelles de toutes sortes (...) À cela s'ajoute l'attitude coupable de personnes et de groupes qui hésitent à travailler pour que la situation change. Il en existe même qui œuvrent volontairement à maintenir nos peuples dans la situation de non-droit notamment (...) les violations des droits des personnes, des groupes humains, des États et des Nations ; cela parce qu'ils en tirent des dividendes. (...) la vente massive d'armes en vue d'entretenir des foyers de conflits meurtriers et l'endettement qui s'ensuit, l'enrôlement des enfants pour les combats, sont autant de situations inacceptables pour notre conscience d'hommes et de pasteurs[85] ».

Par ailleurs, pour les évêques de l'ACEAC, c'est d'abord la culture de la paix et la culture de l'excellence qu'il faut construire ainsi que la promotion de la vérité, du pardon et de l'amour. C'est pourquoi, face à cette crise, les Évêques ont affirmé avec force que « l'Église est décidée à y apporter toute sa part de contribution, conformément à

---

[85]ACEAC, *Op.cit.*, n°7-8.

sa mission. Il s'agit pour elle d'éduquer la conscience en vue d'un agir responsable pour la cause de la paix (…) de faire prendre conscience à tous ceux qui ont la charge de conduire les hommes, que leur mission est ordonnée au service des personnes et du bien commun, conditions pour une paix durable. (…) de construire ensemble un État de droit dans chacun de nos pays, pour qu'enfin les conditions d'épanouissement de chacun et de tous soient remplies, et que nos pays se mettent définitivement en marche vers le développement intégral et rapide de nos sociétés[86] ».

La question des femmes violées n'était donc pas traitée par les évêques de l'ACEAC, comme un problème à part. Ils ne se sont pas interrogés pourquoi les viols des femmes ont pris une telle dimension. Les pères évêques ont, bien entendu, dénoncé et condamné les viols parmi tant d'autres maux. Cependant, leur message, sans pour autant examiner de plus près la double souffrance des femmes violées finit plutôt par des considérations d'ordre pastoral qui invitent les chrétiens à prier et à *réfléchir sur le pardon, la réconciliation et la paix* ; *à célébrer une messe annuelle pour que la paix revienne* ; à *créer des organes qui travaillent pour réconcilier* les gens et résoudre les conflits[87].

C'est ce style pastoral qui a été déployé et mis en œuvre aussitôt dans le diocèse de Kindu. Tous les efforts étaient conjugués pour inviter à pardonner aux bourreaux, à se réconcilier avec eux, à chercher la paix. Les voies et moyens pour tenter d'y arriver ont été proposés, à savoir les campagnes de sensibilisations, création et multiplication des Barza communautaires, etc. Le point qui suit en présente les réalisations, les réussites, mais aussi les limites, les insuffisances.

---

[86]*Ibid.*, n°11.
[87]Cf. *Ibid.*, n°16.

1.2.2. La pastorale de l'Église locale : une pastorale de l'obligation chrétienne du pardon. Ses réussites, ses échecs, ses insuffisances.

La pastorale de l'obligation chrétienne du pardon, déployée dans le diocèse de Kindu, s'inscrivait également dans l'optique des évêques de l'ACEAC. Elle trouverait aussi son fondement dans le contexte particulier du moment lié à la province du Maniema. Tout serait parti de l'initiative de Mgr Paul Mambe pour la pacification dans le diocèse de Kindu et dans la province du Maniema pendant la période de l'après-guerre. Le feu Mgr Mambe, alors Évêque de Kindu et Président Provincial de la Société Civile du Maniema, se préoccupait aussi de travailler en faveur de la paix. Et son initiative, s'inscrivait « dans la dynamique de la paix que l'Église Catholique ne cesse de préconiser depuis le début de la guerre d'agression qu'elle a dénoncée haut et fort[88] ».

Dans le Centre-Est du pays, les conflits avaient installé la méfiance et « la haine dans les cœurs des fils et filles du pays, tentant ainsi de briser l'édifice construit en un siècle d'histoire commune[89] ».

Et au moment où les efforts étaient conjugués pour trouver des voies et moyens de sortir de la crise, « un groupe de combattants Maï-Maï[90], (…) plus de 200 personnes, hommes, femmes et enfants, sont sortis du

---

[88]F. MUTEBA, *Droit de réponse au communiqué de presse incriminant Mgr Mambe,* in *http://repositories.lib.utexas.edu/bitstream/handle/2152/5766/3034.pdf?sequence=1* (consulté le 3 juillet 2013).

[89]CONFÉRENCE ÉPISCOPALE NATIONALE DU CONGO, *Mémorandum au Secrétaire Général des Nations Unies,* Kinshasa, le 14 février 2004, in *http://www.grandslacs.net/doc/3237.pdf* (consulté le 29 mars 2013).

[90]Les Maï-Maï sont des groupes résistants armés locaux, actifs au cours de la deuxième guerre en République démocratique du Congo .

maquis à la suite d'un appel à la paix lancé par Son Excellence Monseigneur Mambe au cours de la messe de Noël 2002. Cet appel à la paix (...) a commencé à porter des fruits, défiant par le fait même tous les mécanismes de paix jusque-là proposés par les belligérants qui rabâchent des accords restés lettre morte depuis leur signature[91] ». Leur sortie était une réponse réservée à l'appel de l'Évêque de Kindu, prouvant par là leur bonne volonté de rétablir la sécurité et la paix. Ces Maï-Maï étaient d'ailleurs « hébergés non pas dans des casernes (...), mais en paroisses catholiques où ils recevaient du seul diocèse de Kindu l'assistance humanitaire que certains organismes avaient promis de renforcer (...). La population de Kindu en général s'en réjouissait parce qu'elle pouvait désormais sortir de l'asphyxie et s'approvisionner en denrées alimentaires dans les villages environnants[92] ». Par contre, les victimes des actes commis par ces Maï-Maï, notamment les femmes violées, avaient plutôt le désir de se venger.

Au nom de la paix, la pastorale locale cherchait et invitait la population chrétienne et les hommes de bonne volonté à éviter toute tentative de vengeance et à promouvoir plutôt la paix dont le pays et la province avaient besoin. Or, cette paix n'était possible que si les Maï-Maï sortaient de la brousse et renonçaient aux attaques intempestives. Il était donc légitime de réconcilier « les ennemis d'hier afin qu'ils bâtissent ensemble une cité de la paix. L'engagement de Mgr Mambe prouve que le retour de la paix en RDC était possible. Il doit commencer quelque part (...) pour qu'advienne la paix dans ce pays pressé comme une orange et étranglé par la violence[93] ».

---

[91]F. MUTEBA, *Op.cit.*
[92]F. MUTEBA, *Op.cit.*
[93]*Ibid.*

Du coup, la tolérance, le pardon, la réconciliation, devenaient des mots d'ordre dans la pastorale et dans les prédications. C'est ce que nous avons prêché dans notre pastorale antérieure. Cependant, les victimes des atrocités, elles, restaient insatisfaites de cette pastorale qu'elles avaient décriée. Car, elles ne s'y retrouvaient pas. Au fait, où est la tendresse de Dieu à leur égard ? Pour l'Église locale, il s'agit là de véritables défis socio-pastoraux.

1.2.3. Enjeux et défis pour la communauté chrétienne

Cette anecdote illustre bien l'insuffisance d'une pastorale qui ne répond pas au besoin concret des Violées dans la quête de justice et de dignité. « Un homme tombe avec son parachute sur un arbre. Il voit un passant et lui demande : Dis-moi, où je suis. On lui répond : Tu es sur un arbre. Oui, c'est vrai je suis sur un arbre, mais ce que tu dis là, ne m'avance à rien[94] ».

L'effort pastoral, la prédication et l'enseignement de l'Église face aux violées pouvaient être une pastorale qui répète des choses doctrinalement correctes et exactes mais qui n'aident guère ces femmes violées. Dans ce sens-là, pour avancer, pouvait-on déjà les obliger à pardonner ? Ne fallait-il pas plutôt et avant tout prendre le temps de dialoguer avec elles, les écouter suffisamment, prendre en compte leurs souffrances et leurs besoins pour leur proposer ensuite une parole nouvelle ? D'ailleurs, pour J. Monbourquette, « pardonner n'exige pas qu'on renonce à ses droits (…). Le pardon qui ne combat pas l'injustice, loin d'être un signe de force et de courage, en est un de

[94]L. SANTEDI, *Perspective d'une théologie de l'invention*, cité dans *Reconquérir l'Évangile dans la culture africaine*, in *http://www.ademis.org/pop/synode_santedi.htm* (Consulté le 12 mars 2013).

faiblesse et de fausse tolérance. Cela encourage la perpétuation du crime[95] ». Les violées n'avaient-elles pas d'abord et surtout soif de justice et de dignité ?

Les réactions spontanées des victimes face à cette attitude pastorale ont été enregistrées de tous côtés par rapport à l'amour de l'ennemi et au pardon. Comment pardonner à quelqu'un qui fait mourir ? Comment pardonner aux violeurs qui détruisent des vies humaines ? Comment les aimer, eux qui sont à la base de cette double souffrance des femmes violées ?

« Au vrai, l'offense faite, le mal subi sont une mise à mort. La difficulté, voire l'impossibilité du pardon vient de là[96] ». En effet, Monbourquette n'a-t-il pas raison quand il écrit que le « mal subi laisse des traces tenaces et empêche de vivre sereinement. Face à cela, le pardon n'est jamais une réaction immédiate. Les blessures ont besoin de temps pour se cicatriser. (…) Le pardon se joue au cœur de chaque histoire personnelle : personne, en effet, n'est à l'abri des blessures résultant de frustrations, de déceptions, d'ennuis, de chagrins d'amour, de trahison (…). Il est contre-indiqué de réduire le pardon, comme toute pratique spirituelle, à une obligation morale[97] » ?

Par rapport à l'avortement, pour le cas de Sylvie, la réaction était encore plus sévère : la pastorale paroissiale ne pouvait-elle pas prendre le parti des victimes et des survivantes ; et être concernée avant tout par leur bien-être ? *Amnesty International*, par exemple, n'est-il pas aussi pour le droit à la vie quand il est convaincu que là « où le viol est devenu une arme de guerre, (…) l'avortement devrait être pris en charge dans le cas où ces

[95]J. MONBOURQUETTE, *Comment pardonner. Pardonner pour guérir. Guérir pour pardonner. Nouvelle édition revue et corrigée*, Novalis/Centurion, Ottawa, 1992, p. 40-41.
[96]*Ibid.*, p. 44.
[97]*Ibid.*, p.36-37.

femmes victimes de violence souhaitent se faire avorter ou lorsque la vie de la femme pourrait être en danger si la grossesse se
poursuit[98] » ? Dans ce contexte précis, il veut que l'on prenne en compte « la vie des violées et des maltraitées plus que la vie d'un fœtus, fœtus non planifié, même non désiré[99] », surtout dans un contexte socio-économique très difficile et de conflit.

« On peut présumer que les chefs de l'Église catholique sont convaincus qu'ils représentent la volonté de Dieu et sont donc capables d'agir comme Dieu le ferait. On aurait certainement du mal à croire en un Dieu qui ne tiendrait pas compte des droits de la femme à un peu d'aide après qu'elle a été totalement bafouée[100] ».

Une telle pastorale ainsi désincarnée ne passe-t-elle pas au large, ne fait-elle pas un détour devant la double souffrance des violées ? L'Église locale peut-elle vraiment dire qu'elle a été attentive au cri des violées, qu'elle a vu leur double peine ? L'Église ne peut-elle pas arriver à incarner son enseignement dans ce cas désespérant des femmes violées pour leur donner une espérance concrète ? Ne pourrait-elle pas d'abord s'engager à les défendre en se mettant non du côté de la doctrine mais du côté de leur misère et de leur cri ? Comment leur dire et leur manifester aujourd'hui la tendresse de Dieu ? Leur double souffrance ne peut-elle pas inviter l'Église à adopter une attitude pastorale et un style apostolique qui rapprochent davantage ces femmes ? Autant de questions qui font réfléchir et qui appellent des analyses approfondies pour

---

[98] *Amnesty International défend les droits des femmes violées par la guerre,* in *http://www.voxyo.fr/savoir-univers-02.htm* (consulté le 3 juillet 2013).

[99] In *http://www.voxyo.fr/savoir-univers-02.htm* (consulté le 3 juillet 2013).

[100] Cf.*http://www.freemag.fr/amnesty-international-s686254.htm* (consulté le 3 juillet 2013).

trouver un style plus évangélique, plus pertinent et adapté aux réalités du moment, capable de faire naître un nouveau monde.

1.3. Conclusion

Ce premier chapitre nous a permis de resituer, avant tout, le contexte général qui a conduit aux guerres (les antécédents historiques, les enjeux géopolitiques dans la région, les parties en présence) dont les femmes sont victimes. Ensuite, nous avons parlé de viols comme tactique de guerre. À ce niveau, il a été question de chercher à savoir, d'une part pourquoi les femmes sont victimes directes de viols (les causes, les objectifs et les conséquences des viols des femmes) ; et d'autre part, à expliquer l'attitude de la communauté tant civile que chrétienne par rapport aux violées et aux violeurs. Enfin, nous avons porté un regard critique sur la pastorale déployée par l'Église dans ce contexte par rapport à la situation des femmes violées (ses réussites, ses échecs, ses insuffisances). C'est à ce niveau que nous avons ressorti les enjeux et les défis socio-pastoraux qui découlent de cette pastorale.

En effet, l'insatisfaction des femmes victimes des viols par rapport à l'attitude de la communauté sociétale et à la pastorale déployée par l'Église locale, et la rupture de certaines d'elles d'avec l'Église et ses sacrements, ne seraient-elles pas aussi liées à la condition et à la place qu'a la femme dans l'Église locale, en particulier et dans l'Église universelle, en général ? Les réactions et l'attitude de communautés familiale, civile et ecclésiale par rapport aux violées ne sont-elles pas liées à la place qu'a la femme dans la société, dans les coutumes et dans les cultures locales ? Dans l'attitude de la communauté civile et ecclésiale, n'y avait-il pas une dose importante d'injustice à l'égard des violées ?

S'il y avait des femmes parmi les décideurs des directives pastorales, l'orientation pastorale de l'église locale n'aurait-elle pas pris une allure plus équilibrée, tenant compte non seulement des violeurs, mais aussi et surtout des violées ? N'auraient-elles pas aussi et d'abord pris en compte le sort des victimes avant de se pencher sur la doctrine et la Loi de l'Église ? L'attitude de l'Église à l'égard de la femme ne paraît-elle pas déjà discriminatoire quand « elle attribue aux hommes et à eux seuls toutes les fonctions directrices[101] » et de décision ? Pour relever ces défis, l'Église ne peut-elle pas envisager d'examiner de plus près la situation des femmes, souvent considérées comme des êtres de second rang ? Une pastorale de partenariat entre femmes et hommes à tous les niveaux, n'apportera-t-elle pas à l'Église un nouveau regard équilibré et une nouvelle manière de voir et d'agir ?

C'est l'effort que nous allons déployer pour parvenir à *l'équilibre ontologique* dans la pastorale et dans les actions sociales. C'est au fond un tournant féministe qui doit être au rendez-vous qui remet debout les femmes meurtries et, partant, tente à leur manifester la tendresse de Dieu ; relevant ainsi ces nombreux défis socio-pastoraux que présente l'Église locale par rapport aux souffrances des victimes, directes ou indirectes, des viols. Il sera question de travailler pour arriver à mettre en œuvre une pastorale dans laquelle les deux genres, féminin et masculin, décident ensemble, définissent ensemble les options pastorales qui tiennent compte de tous les

---

[101]J. MOINGT, *la condition des femmes dans l'Église d'aujourd'hui,* conférence du 2 avril 2011, in *http://famille-ignatienne-lyon.fr/wp-content/uploads/2011/04/110402-Texte-Les-femmes-et-lEglise.pdf* (Consulté le 3 juillet 2013).

paramètres et de toutes les dimensions de la vie dans la société et dans l'Église.

Pour y arriver, il nous semble important de nous interroger avant tout, dans le chapitre qui suit, sur la place qu'a la femme aujourd'hui dans le monde et dans l'Église.

CHAPITRE DEUXIEME

« Homme et femme, il les créa[102] ». Quelle est la place de la femme dans le monde et dans l'Église ?

2.0. Introduction

Avant d'entamer la réflexion de ce chapitre, je m'empresse à en déterminer l'enjeu. Ici, l'objectif primordial vise à chercher une posture pastorale et une parole qui puissent manifester avant tout la tendresse de Dieu aux violées. Au fond, la préoccupation est de savoir ce que ferait Jésus aujourd'hui devant cette situation désespérante et d'abandon de ces milliers de femmes violées, rejetées par leurs maris et stigmatisées par la société. Jésus leur demanderait-il d'abord de pardonner à leurs bourreaux ? Quelle parole et quelle attitude adopterait-il à leur égard ? Les femmes violées en seraient-elles vraiment insatisfaites comme il en a été dans la pastorale antérieure ?

Le fait que ce soit seulement des hommes masculins de la hiérarchie de l'Église qui déterminent l'orientation pastorale et décident des directives à suivre pendant les guerres dites de libération ne serait-il pas aussi à l'origine du déséquilibre dans les décisions et, partant, de cette situation d'insatisfaction des femmes en général et des violées en particulier, cause de leur prise de distance par rapport à l'Église locale et à ses sacrements ?

Les considérations déployées dans ce chapitre débordent, bien évidemment, la question du viol ; mais, ne s'en éloignent pas pour autant. Car, au fond, c'est la place et la condition de la femme dans le monde et dans l'Église qui constituent l'enjeu. Il est alors question de voir

[102] *Bible de Jérusalem, Nouvelle édition entièrement revue et augmentée,* Paris, Cerf, 1973.

jusqu'où peut conduire un pouvoir exclusivement masculin et patriarcal. En même temps chercher les voies et moyens pour arriver à une société et à une Église équilibrées, justes et respectueuses qui encouragent et mettent en œuvre un partenariat *ontologique* et inclusif homme-femme.

Sinon, où se situerait le nœud de l'échec pastoral à l'égard des violées ? On pourrait même élargir cette question à tous les niveaux, à savoir pourquoi « le message du Christ n'est plus audible dans la langue des hommes et des femmes 'ordinaires'[103] » d'aujourd'hui ?

Au fait, « il y a aujourd'hui un monde qui meurt et un monde qui naît. Cette mutation socioculturelle de grande envergure touche tous les domaines et affecte bien entendu le Christianisme. Forcément, celui-ci est atteint ; il y a aujourd'hui un christianisme qui meurt, mais aussi, nous pouvons l'espérer, un christianisme qui naît[104] ». Nous vivons, avouons-le, à une époque où tout est remis en question[105]. Des thèmes comme « crise de la transmission[106] », « grave panne de transmission[107] »,

---

[103]A. SOUPA et C. PEDOTTI, *Les pieds dans le bénitier*, Paris, Presse de la Renaissance, 2010, p. 127.

[104]A. FOSSION, *Annonce et proposition de la foi aujourd'hui. Enjeux et défis*, in *www.portstnicolas.org/.../article3927* (consulté le 3 juillet 2013).

[105]Cf. D. KIBUNGU, *La destruction du lien de tradition : attentat et/ou chance au processus de transmission ? Une relecture de « La crise de notre rapport au temps » de Guy Coq*, (inédit), travail d'approfondissement présenté dans le cadre du Cours d'A. FOSSION et S. VAN DEN BOSSCHE: *Évangélisation, inculturation et transmission de la foi*, 1e DS, Lumen Vitae, février 2012.

[106]*Introduction de la Session 2005 de Semaines Sociales en France* : "*Transmettre, partager des valeurs, susciter des libertés*", in *http://monsegur33.over-blog.com/article-4637233.html* (consulté, le 28 mars 2013).

[107]In *http://monsegur33.over-blog.com/article4637233.html* (consulté, le 28 mars 2013).

« foi chrétienne à l'épreuve de la transmission[108] », « rupture de tradition [109] », « panne du transmettre[110] », « dictature du relativisme[111] », « désertification religieuse [112] », « traumatisme religieux[113] », « désenchantement du monde[114] », « exculturation du christianisme[115] », « détraditionalisation[116] », « société sortie de la religion[117] », « surprises de l'Esprit[118] », etc. illustrent bien la difficulté, pour la société et surtout pour l'Église, de transmettre. Et ils en sont en même temps des indicateurs d'un signal d'alerte qui questionne et fait réfléchir. D'où de nombreux défis socio-pastoraux tels que ceux qui sont rencontrés dans les cas de femmes violées en RD Congo.

108J.-P. ROSA, *L'Église. La foi chrétienne à l'épreuve de la transmission. Compte-rendu de la Session 2005 de Semaines Sociales en France*, in *http://www.ssf-fr.org/offres/file_inline_src/56/56_P_20520_1.pdf* (consulté, le 28 mars 2013).

109*Ibid.*

110*Ibid.*

111BENOIT XVI, *Lumière du monde*, cité par O. LE GENDRE, *Confession d'un cardinal*, Éditions Jean-Claude Lattès, 2007, p. 228.

112O. LE GENDRE, *Confession d'un cardinal*, éditions Jean-Claude Lattès, 2007, p. 350.

113*Ibid.,* p. 100.

114*Ibid.*, p. 228.

115D. HERVIEU-LÉGER, *Catholicisme, la fin d'un monde,* Paris, Bayard, 2003, p. 288, cité par M.A. DE METTEO et Fr. X. AMHERDT, *S'ouvrir à la fécondité de l'Esprit. Fondement d'une pastorale d'engendrement*, Ed. Saint Augustin, saint Maurice, 2009, p.15.

116M. GAUCHET cité par G. COQ, *La crise de notre rapport au temps*, in *Faire mémoire pour agir. Cahiers de l'atelier*, N°520 (Janv. Mars 2009), p. 9.

117*Ibid..,* p.288.

118Selon la désormais fameuse image d'A. FOSSION, *Évangéliser de manière évangélique*, cité par M.A. DE METTEO et Fr. X. AMHERDT, *Op.cit.,* p. 20.

Si, pour certains, la rupture forte de la confiance de beaucoup de fidèles, et principalement, des femmes serait due au fait que l'Église affiche une attitude de méfiance à l'égard du monde postmoderne, car elle continue à être soupçonneuse vis à vis du monde[119]; pour d'autres, c'est plutôt « la non-reconnaissance de la place et de l'influence des femmes dans la transmission de la foi, sans lesquelles l'Église ne serait peut-être déjà plus là ![120] », d'une part, et l'omnipotence cléricale, exclusivement masculine, d'autre part, qui seraient à la base de *ce déséquilibre grave* et de « la montée de l'indifférence à l'égard de l'Église[121]».

Pour ces derniers, c'est davantage l'institution Église elle-même qui fait problème dans sa structuration et dans son système de fonctionnement. Ces derniers ont conduit l'Église à des dérives, des déviations et des perversions manifestées « tout au long de son histoire et dont le goût amer subsiste encore dans les consciences et jusque dans les corps. Ce goût amer a pour nom le dogmatisme, la tutelle cléricale, la prétention de savoir, la culpabilisation, le soupçon jeté sur le plaisir, la suprématie masculine[122] ». Bien plus, selon eux, l'Église a été « incompréhensive, moralisatrice, éloignée des préoccupations communes des gens[123]». Pourtant, « on ne peut pas annoncer au monde un Dieu de bienveillance et d'amour si l'on est soi-même un contre- témoignage, si l'on n'a à la bouche que mépris et condamnation[124]». Hommes et femmes, ces « laïcs fidèles

---

[119]A. SOUPA et C. PEDOTTI, *Op.cit.* p.105.

[120]CIL, *Contribution du Conseil Interdiocésain des Laïcs (Belgique) au débat sur la place de la femme dans l'Église*, in *http://www.culture-et-foi.com/critique/cil.htm* (consulté le 3 juillet 2013).

[121]A. SOUPA et C. PEDOTTI, *Op.cit.*, p. 105.

[122]A. FOSSION, *Op.cit.*

[123]A. SOUPA et C. PEDOTTI, *Op.cit.*, p. 84.

[124]*Ibid.,* p. 96- 97.

du Christ ne sont pas un problème mais une solution[125]» à cette crise.

Par ailleurs, le fait que les femmes soient absentes dans les instances du pouvoir ecclésial et de la prise des décisions serait donc aussi à la base « du dysfonctionnement d'une Église exclusivement cléricale, célibataire et masculine[126] ».

Du coup, d'aucuns pensent que les femmes seraient capables d'apporter, elles aussi, « un regard différent et dès lors enrichissant[127] » dans la résolution de cette crise. « Le partenariat, ''l'alliance'' entre femmes et hommes, serait, pour beaucoup, le véritable et seul avenir de l'humanité et, en particulier, de l'Église[128] ». Question alors de « remettre le peuple chrétien, les fidèles du Christ au centre de l'Église, et ceux et celles à qui l'Évangile est adressé, c'est-à-dire l'humanité tout entière, au centre de la mission de l'Église[129] ».

À l'égard de ce qui précède, il sera question de tenter de voir comment et sous quelle formule ce partenariat hommes et femmes serait envisagé et mis en œuvre dans l'Église afin qu'au-delà de cette vague de crise, le Christianisme soit, comme le disait M. Gauchet « la religion de la sortie de la religion[130] », mieux encore, selon

---

[125]*Ibid.*, p.94.
[126]*Ibid.*, p. 48.
[127]CIL, *Contribution du Conseil Interdiocésain des Laïcs (Belgique) au débat sur la place de la femme dans l'Église*, in *http://www.culture-et-foi.com/critique/cil.htm*_(Consulté le 3 juillet 2013).
[128]S. TUNC, *Féminité et Ministère,* in *http://www.womenpriests.org/fr/francais/tunc12.asp* (Consulté le 31 avril 2013).
[129]A. SOUPA et C. PEDOTTI, *Op.cit.*, p.84 - 85.
[130]M. GAUCHET, *Le désenchantement du monde. Une histoire politique de la religion*, Paris, Gallimard, 1985, p. 11.

la formule de Jean-Paul Willaime, « une religion de l'avenir de la religion[131]».

Nous partirons de la base. C'est-à-dire de *« L'Église d'en bas*[132] *»*. Partant de l'expérience pastorale antérieure auprès des femmes violées, nous nous proposons d'écouter surtout et avant tout ce que pense *« L'Église d'en bas »* constituée par, d'après les mots de Pierre PIERRARD, « *la foule innombrable des "saints" inconnus* » et donc la grande majorité du « Peuple de Dieu ». C'est-à-dire les laïcs (hommes et femmes). Et ce, pour déceler et discerner leur avis qui pourrait être aussi leur apport par rapport à la question de la place des femmes dans l'Église et dans la Société. Ils sont éclairés par l'Évangile et ils pensent selon l'esprit de temps présent.

Raison pour laquelle nous avons choisi expressément, non un texte magistériel *l'Église d'en haut* mais ce document rédigé par *l'Église d'en bas,* les laïcs eux-mêmes, intitulé « *la place des femmes dans l'Église. Une contribution du Conseil Interdiocésain des Laïcs à un débat*[133] », comme texte témoin et incitatif où s'expriment des laïcs, hommes et femmes, d'une église particulière. Il nous servira de fil conducteur, à titre indicatif et nous permettra d'entrer dans cette problématique et de préciser comment, en tant que chrétien, concevoir aujourd'hui la place de la femme dans la société comme dans l'Église. Si donc nous le choisissons et l'évoquerons en cette deuxième partie de l'ouvrage c'est parce que ce document

---

[131]R. REMOND (dir.), *Les grandes inventions du christianisme*, Paris, Bayard, 1999, cité par J.-P. ROSA, *Op.cit.*

[132]Cf. P. PIERRARD, *L'Église d'en bas - la foule innombrable des "saints" inconnus, nouvelle Cité, 2005,* *http://www.archambault.ca/pierrard-pierre-eglise-den-bas-la-foule-innombrable-des-saints-inconnus-l-ACH001764213-fr-pr* (6 sept 2016).

[133]CIL, *Op.Cit.*

est décisif pour opérer un tournant féminin et féministe de la théologie africaine postcoloniale.

Par ailleurs, il est très important de préciser tout de suite que ce document du *Conseil Interdiocésain des Laïcs,* CIL en sigle, a été rédigé en Belgique dans un contexte très différent de celui des femmes violées au Congo. Nous en sommes très conscient. Si nous l'avons choisi, c'est pour cette unique raison : il fournit une clef pertinente et originale qui peut conduire à un changement radical dans la manière de concevoir la place de la femme dans l'Église et dans le monde. Et ce, quel que soit le contexte dans lequel elle se trouve. Et cette clef, c'est la nouvelle manière que le CIL propose de concevoir les notions du Sacré, de la Sexualité et du Pouvoir. De telle sorte qu'au lieu d'être source de division, d'opposition, d'inégalité, de discrimination, d'exclusion, de déséquilibre et de blocage, elles deviennent plutôt source d'ouverture par rapport au partenariat ; source de tendresse par rapport à l'humanité ; et source d'humanisation par rapport au monde. Cette clef, sur laquelle on peut s'appuyer pour opérer tout tournant décisif et libérateur, nous paraît intéressante même dans le contexte africain et congolais des femmes violées en particulier et de toute femme en général. Voilà pourquoi, nous avons opté pour ce document du CIL dont nous présenterons l'essentiel du message dans les points qui suivent.

2.1. Place des femmes dans le monde et dans l'Église selon le CIL

La contribution du CIL par rapport à la question des femmes dans le monde et dans l'Église, nous éclaire et inspire en ce qu'elle estime nécessaire, pour l'église, de redéfinir les notions du sacré, de la sexualité et du pouvoir.

Bien plus, le mérite de cette contribution est surtout de montrer que la mise en œuvre dans l'Église d'une pastorale de partenariat femme-homme n'est pas contraire à l'esprit de l'Évangile. Et le dessein de Dieu ainsi que les inspirations du concile Vatican II ne lui ferment pas du tout la porte. C'est plutôt la hiérarchie de l'Église catholique qui, au nom de la fidélité à la Tradition, reste réservée et hésitante à s'engager sur ce terrain. Ce qui fait que dans la pratique l'Église n'est pas partout modèle de l'égalité homme-femme. Cela n'est pas sans impact pour l'église tant dans son attitude, sa manière d'agir que dans l'orientation pastorale sur terrain. La pastorale auprès des femmes violées en est une illustration concrète.

C'est à juste titre que le CIL estime que « le combat des femmes dans les églises fait partie du combat des femmes pour la justice[134] ». La contribution du CIL a pour « seule ambition de provoquer au sein des communautés chrétiennes (…) une réflexion qui s'inscrira dans un projet en chantier depuis deux mille ans : ''une église servante plutôt que puissante ; (…) pauvre plutôt que pleine de privilèges ; une église féconde plutôt qu'efficace ; une église libératrice plutôt que bienfaitrice ; une église disciple de l'humanité plutôt qu'enseignante ; une église fraternelle/sororale plutôt que hiérarchique ; une église minoritaire plutôt que de masse ; (…) sacrement de l'unité de l'humanité plutôt qu'une église-chrétienté[135]''; bref - une église de femmes et d'hommes[136] ».

---

[134]CIL, *Contribution du Conseil Interdiocésain des Laïcs (Belgique) au débat sur la place de la femme dans l'Église*, in *http://www.culture-et-foi.com/critique/cil.htm* (consulté le 3 juillet 2013).

[135]M. DE OLIVEIRA, in *« Femmes dans l'Église »*, cité par CIL, *Op.cit.*

[136]CIL, *Op.cit.*

2.1.1. Hommes et femmes dans l'Église, une égalité théorique

Le CIL a aussi le privilège d'être du terrain et sur terrain. Il voit, il juge, il agit. C'est « en regardant la réalité de plus en plus complexe, en réfléchissant à la lumière de la foi et en proposant des lignes pour l'action[137] », qu'« il est amené à prendre position dans bien des domaines[138] ». En ce qui concerne la question de l'égalité homme et femme, le CIL affirme que l'institution Église « semble avoir trahi les idéaux évangéliques et en particulier l'originalité de Jésus dans ses relations avec les deux genres de l'humanité[139] ».

Dans l'Église, comme dans la société, « l'égalité théorique des droits est loin d'être acquise dans la pratique. On retrouve aisément l'image de la prépondérance masculine (…). Le plus souvent, le langage ne nomme pas les femmes dans l'expression du genre humain ; on préfère dire, par exemple, ''les hommes'' pour ''les femmes et les hommes'', ou ''les droits de l'homme'' pour ''les droits humains[140] ». Et l'Église elle-même n'est pas, dans la pratique, un bel exemple dans la mise en œuvre de l'égalité homme et femme.

2.1.2. Dans la pratique, l'Église est plutôt à la traîne et non à l'avant-garde

Qui d'autre pourrait, mieux que l'Église, montrer le chemin de l'égalité entre l'homme et la femme ? Elle qui connait mieux que quiconque et enseigne que « homme et

[137]Id., *L'Église quand même. À l'écoute du Peuple de Dieu*, éd. Fidélité, Namur, 2011, p. 9.
[138]CIL, *Op.Cit.,* p.9.
[139]Id., *Contribution du Conseil Interdiocésain des Laïcs (Belgique) au débat sur la place de la femme dans l'Église*, in *http://www.culture-et-foi.com/critique/cil.htm* (consulté le 3 juillet 2013).
[140]*Ibid.*

femme, Il les créa » (Gn1, 27). Malheureusement, dans la pratique cela n'est pas souvent le cas. Et sur terrain, le constat du Conseil Interdiocésain des Laïcs à ce sujet est plutôt alarmant :

« Grâce à la force libératrice de l'Évangile, on pouvait espérer que l'Église jouerait un rôle prophétique pour dénoncer l'oppression millénaire des femmes et pour promouvoir l'égalité entre hommes et femmes. Or, l'institution Église a enterré très tôt l'originalité majeure (…) de Jésus, qui est la reconnaissance et la promotion des différences, notamment celle des sexes. L'Église a trop souvent entériné l'injustice de la société civile. À partir du 19e siècle et jusqu'à présent, elle est même à la traîne alors qu'elle devrait être à l'avant-garde. (…) elle semble ne pas voir que les femmes ont pris leur vie en main. Malgré ce mouvement irréversible, elle prétend toujours leur assigner leur place, en oubliant qu'il faut deux genres pour faire le monde[141] ».

Et l'homme et la femme sont tous pourtant créés à l'image et à la ressemblance de Dieu. Aucun n'est plus important que l'autre et aucun n'est plus haut que l'autre. Les deux sont « les deux visages de l'humanité. Aussi liés l'un à l'autre que les deux versants d'une montagne[142] ». L'existence et *l'équilibre* de la montagne ne sont possibles qu'avec ses deux versants. Un seul versant ne suffit pas pour constituer la montagne. Et l'un ne peut aller sans l'autre. Il est donc normal, voire nécessaire que les deux genres, masculin et féminin, travaillent toujours et partout ensemble, évangélisent toujours et partout ensemble, gouvernent toujours et partout ensemble, sanctifient toujours et partout ensemble et, pourquoi pas, décident toujours et partout ensemble tant dans l'Église que dans le monde.

---

[141]CIL, *Op. Cit.*

[142]A. SOUPA, *Dieu aime-t-il les femmes ?* Paris, Médiapaul, 2012, p.14.

Le CIL dans le point qui suit, propose la façon dont ce partenariat femme-homme serait envisagé et mis aisément en œuvre dans l'Église.

2.1.3. Deux genres pour faire le monde et l'Église

À ce sujet, le CIL est plus pratique et même pratico-pratique. Il fait « appel à trois expériences fondamentales que chacune et chacun est appelé(e) à vivre : l'expérience du SACRÉ, celle de la SEXUALITÉ et celle du POUVOIR. Ces trois expériences sont tributaires du langage, lui-même souvent dominé par le masculin[143] », dont « l'homme mâle est la référence, la femme, la différence[144] ».

2.1.3.1. La mise en œuvre du partenariat homme-femme par rapport au sacré

Il est intéressant et inspirateur la façon dont le CIL comprend et propose de comprendre la notion du sacré. Il se base sur l'auteur de l'épître aux Hébreux pour donner une définition qui lui ouvre l'accès aux deux genres masculin et féminin. Pour le CIL,

« Le sacré ne procède ni de lieux ni de sacrifices, mais de l'engagement dans l'histoire humaine (He 10, 6-7). Jésus lui-même est venu briser le voile du Temple, dépasser les distinctions sacré/profane, (…) pour instaurer un partage fraternel et sororal et la prééminence de l'amour. Mais, l'organisation religieuse du sacré introduit très tôt une première perversion qui fait de Jésus le garant du système qu'il a combattu, un système d'exclusion des femmes. Les catégories dépassées (…) sont réinstaurées : une hiérarchie (masculine), souvent alliée des systèmes politiques de

---

143CIL, *Op. Cit.*

144A. SOUPA et C. PEDOTTI, *Les pieds dans le bénitier*, Paris, Presse de la renaissance, 2010, p. 39.

domination, gouverne un peuple de mineur(e)s ; les femmes sont écartées de la présidence du geste eucharistique sur base d'arguments théologiques de plus en plus contestés. Elles deviennent alors des profanes par définition[145] ».

À l'égard de ce qui précède, le CIL propose d'envisager la redéfinition du sacré. Car, « la fonction qui lui a été donnée - d'exclusion, de coupure, d'instrument d'un pouvoir qui discrimine et qui écrase -, a beaucoup marqué nos expériences. Le sacré ainsi présenté fait barrière à tout changement, interprété comme ''sacrilège''. (…) le sacré n'est-il pas présent dans des personnes, des relations, des valeurs, dans la vie, dans le bien que les humains se font l'un à l'autre, dans l'autre comme tel ? Tout ce qui a à voir avec l'humain a à voir avec Dieu et réciproquement[146] ».

Ainsi redéfini, le sacré aura à concerner à la fois les deux genres masculin et féminin sans en discriminer ni exclure l'un ou l'autre. Beau chemin vers une pastorale de partenariat femme-homme !

2.1.3.2. La mise en œuvre du partenariat homme-femme par rapport à la sexualité

Les deux sexes masculin et féminin sont créés par Dieu et à son image. Il n'y a pas un sexe qui soit plus à l'image de Dieu que l'autre. Bien plus, dans l'ordre de la création, d'après le premier livre de la Genèse, aucun sexe ne serait antérieur à l'autre : « Dieu dit : ''faisons l'homme à notre image, selon notre ressemblance, et qu'il soumette les poissons de la mer, les oiseaux du ciel, les bestiaux, toute la terre et toutes les petites bêtes qui remuent sur la terre !'' Dieu créa l'homme à son image, à l'image de Dieu il le créa, mâle et femelle il les créa » (Gn1, 26-27).

---

[145]CIL, *Op. Cit.*
[146]*Ibid.*

De sa part, Anne Soupa interprète que « le mot hébreu traduit par le mot ''homme'' désigne (on y est) l'être humain en général (*ha'adam*, le terreux, le glébeux), tandis que la fin met en scène le ''mâle'' et la ''femelle''. Ce partage apporte déjà la preuve que *ha'adam* ne peut signifier que l'être humain en général (...) Il n'est donc pas question d'une antériorité masculine. Égalité oblige. Pour Dieu, la parité semble toute naturelle... et sans loi des quotas[147] ».

En ce sens, le CIL fustige l'interprétation erronée qui considère le récit de la création d'Eve comme justifiant la place, de second plan, qu'occupe la femme dans l'Église. En effet, « Eve fut, comme Adam, créée par Dieu à son image mais, récupérée par les interprétations machistes, elle devint le mythe fondateur de l'infériorité de la femme, celle par qui le mal arrive[148] ». Il est donc nécessaire de redéfinir et de proposer le modèle de rapport entre les deux sexes, rapport homme/femme qui ne dévalorise pas l'un ou l'autre sexe. Le CIL opte pour « le modèle transformiste qui se cherche, visant la personne en tant que telle et engageant la transformation de la société entière[149] ». N'y a-t-il pas là une ouverture en faveur d'une pastorale de partenariat homme-femme ?

2.1.3.3. La mise en œuvre du partenariat homme-femme par rapport au pouvoir

La mise en œuvre du partenariat par rapport au pouvoir devait commencer par rétablir la manière dont le pouvoir devrait être conçu et exercé dans l'Église selon l'esprit

[147] A. SOUPA, *Dieu aime-t-il les femmes ?* Paris, Médiapaul, 2012, p. 112-13.
[148] P. MOURLON-BEERNAERT, *« Les visages féminins de l'Évangile »*, cité par CIL, *Op. Cit.*
[149] CIL, *Op. Cit.*

évangélique : pouvoir comme service. En tant que tel, tout service pourrait être exercé par toute personne sans distinction de sexe, c'est-à-dire et par les hommes et par les femmes.

Malheureusement, « dans l'Église, le pouvoir de décision appartient à des hommes célibataires dont la légitimité est, dans les faits, celle qu'ils s'octroient mutuellement. (…) non seulement l'ensemble des femmes, mais aussi la plupart des hommes subissent une forme de discrimination à l'intérieur de ce modèle institutionnel. Cela signifie (…) que l'institution se prive d'une part importante de l'humanité et d'une image de Dieu apportée par les femmes. C'est probablement ''à la base'' que les choses pourront évoluer. Cela ne sera facile ni pour beaucoup d'hommes – spécialement certains prêtres, bousculés dans leur raison d'être – ni pour beaucoup de femmes, car elles n'ont pas été éduquées à prendre toute leur place avec d'autres dans l'Église comme dans la société[150] ».

Question de revoir et de redéfinir le sens des ministères qui n'ont rien à voir avec un pouvoir de domination d'un sexe sur l'autre ni d'exclusion d'un d'entre eux.

Il est curieux que dans l'Église on trouve des femmes toujours en situation de service ou de conseil, mais jamais en situation d'autorité, de prise de décision et de responsabilité. « Le pouvoir, la réalité du pouvoir, c'est-à-dire le pouvoir de nommer, le pouvoir de faire des choix pastoraux, le pouvoir de dire une parole qui engage l'Église, demeure étroitement dans les mains des clercs, prêtres et évêques[151] ». L'Église « oublie les nombreuses fois où le Christ s'est insurgé et s'est mis en colère contre des attitudes scandaleuses de la religion de son temps. Cette attitude de l'Église met en jeu ce qu'il y a de sacré

---

[150]*Ibid.*

[151]A. SOUPA et C. PEDOTTI, *Op.cit.*, p. 98.

dans l'histoire humaine : l'histoire du salut et de la libération des oppressions[152] ».

2.1.4. Deux genres dans la prise de parole

S'il est vrai qu'en ces jours Dieu nous parle par son Fils (He 1,2), à travers qui les hommes et les femmes peuvent aussi parler à Dieu, l'Église peut-elle encore aujourd'hui exclure les femmes dans la prise de parole ? Le monde actuel est caractérisé par la complexité et la pluralité où il n'y a plus d'opinion dominante qui s'impose, qui a droit de cité, qui ne soit contestée. Nous vivons dans un monde où toutes les opinions sont en débat à travers lequel les hommes et les femmes s'expriment, prennent la parole.

Ne faut-il pas aussi que l'Église puisse aujourd'hui « se mettre à l'écoute de la base, donner la parole au Peuple de Dieu, offrir aux personnes elles-mêmes de s'exprimer, appréhender leurs besoins réels, leurs problèmes, leurs souhaits pour eux-mêmes, pour leur famille et pour les diverses communautés chrétiennes auxquelles elles participent[153] » ? La difficulté pour les victimes du viol ne résidait-elle pas à ce niveau ? Elles qui avaient aussi à dire sur ce qu'elles vivaient dans leur corps et dans leur âme. Ne fallait-il pas leur donner la parole pour écouter leur double peine et surtout leur besoin, avant de leur dire ce qu'elles devaient faire ?

Pour espérer un changement, il est important que les deux genres masculin et féminin puissent avoir la parole dans la société et dans l'Église.

En effet, comme le constate le CIL, « la hiérarchie catholique prétend parler au nom du Christ, voire de Dieu ; elle a peur de la parole des femmes ; le plus souvent

---

[152] CIL, *Op. Cit.*

[153] Id., *L'Église quand même. À l'écoute du Peuple de Dieu*, éd. Fidélité, Namur, 2011, p. 11-12.

jusqu'il y a peu, ce sont des clercs (…) qui ont parlé des femmes, au nom des femmes, aux femmes en leur disant ce qu'elles étaient, ce qu'elles devaient être et faire. (…) La voix du magistère reste à 100% masculine[154]. Or, les femmes ont assurément leur parole à faire entendre par exemple en matière de morale personnelle (sexuelle) et de relations, tout comme en matière de morale sociale, de justice, de paix, d'écologie, etc.[155] ». Les femmes ont, elles aussi à dire, comme le suggèrent Donders Dirkje dans sa thèse « *La voix tenace des femmes*[156] » et Luce Irigaray dans son livre « *Le souffle des femmes*[157] ».

2.1.5. Deux genres dans le « langage inclusif »

Pour arriver à un langage inclusif, quoi de plus normal que de commencer par des choses concrètes et quotidiennes. Pourquoi pas par le langage liturgique contenu dans le missel. Le CIL estime à juste titre que « le combat pour le langage inclusif implique une volonté de changement en désignant ce qui, jusqu'ici, n'était pas nommé : le genre féminin, habilement ''sous-entendu''(…) ''Le langage inclusif, signe des temps lié au changement du rôle des femmes dans la société, manifeste la conviction ecclésiale de l'égalité entre les hommes et les femmes et l'intelligence chrétienne d'un message

---

[154]Cf. D. DONDERS, « *La voix tenace des femmes* », Cité par CIL, *Contribution du Conseil Interdiocésain des Laïcs (Belgique) au débat sur la place de la femme dans l'Église,* in *http://www.culture-et-foi.com/critique/cil.htm(consulté le 3 juillet 2013).*

[155]CIL, *Op.cit.*

[156]D. DONDERS, *La voix tenace des femmes,* Thèse de Théologie, Université catholique de Nijmegen, Pays-Bas 1997, in *http://www.culture-et-foi.com/critique/cil.htm* (consulté le 3 juillet 2013).

[157]L. IRIGARAY (coll.), *Le souffle des femmes*, ACGF, Paris, 1996.

évangélique de non-discrimination, à l'image de l'harmonie originelle de la création[158] ».

Une telle manière pastorale de faire et d'agir qui tienne compte de deux genres pourrait avoir l'avantage d'engendrer un style pastoral et un regard équilibrés qui expriment et manifestent au monde et à l'humanité la tendresse de Dieu. C'est seulement ainsi que le monde et l'Église pourront être plus évangéliques et mieux humanisants.

2.2. Homme et femme, ensemble pour humaniser le monde et l'Église

Le travail d'humanisation du monde et de l'Église, passe aussi à travers l'implication des hommes et des femmes. Il y a nécessité que les deux regards masculin et féminin se croisent et collaborent pour engendrer ensemble un autre monde et une autre Église équilibrés, justes et respectueux. Question d'établir entre l'homme et la femme des rapports d'égalité par rapport à la question du sacré, de la sexualité et du pouvoir, comme le suggère le CIL.

2.2.1. Égalité de l'homme et de la femme et la question du sacré

L'égalité de l'homme et de la femme par rapport à la question du sacré, trouve son fondement non seulement dans l'Évangile et dans le dessein de Dieu, mais aussi dans les inspirations du Concile du Vatican II. En effet, « le IIe Concile du Vatican, énumérant en sa Constitution pastorale *Gaudium et Spes* les formes de discrimination touchant les droits fondamentaux de la personne qui doivent être dépassés et éliminés comme contraires au

---

[158] CIL, *Op.cit.*

dessein de Dieu, indique en premier lieu celle qui se fonderait sur le sexe[159] ». Bien plus, le Concile Vatican II a souligné l'importance d'élargir la participation des femmes dans la mission de l'Église lorsqu'il affirme :

« Comme de nos jours les femmes ont une part de plus en plus active dans toute la vie de la société, il est très important que grandisse aussi leur participation dans les divers secteurs de l'apostolat de l'Église » (*Apostolicam Actuositatem,* 9).

Par ailleurs, c'est quand il s'agit de sacrement de l'Ordre, que la porte se ferme aux femmes. Et là, la hiérarchie de l'Église affirme sur tous les tons sa réserve. Ainsi, pour le Pape Paul VI, « l'Église, par fidélité à l'exemple de son Seigneur, ne se considère pas autorisée à admettre les femmes à l'ordination sacerdotale[160] ». À son successeur, le Pape Jean-Paul II de confirmer : « l'Église n'a en aucune manière le pouvoir de conférer l'ordination sacerdotale à des femmes et cette position doit être définitivement tenue par tous les fidèles de l'Église[161] ».

Ce que le Pape Benoît XVI explicite : « nous ne disons pas : nous ne voulons pas, mais : nous ne pouvons pas. Le Seigneur a donné à l'Église une forme, avec les Douze Apôtres puis, à leur suite, les évêques et les presbytres, les prêtres. Ce n'est pas nous qui avons donné cette forme (…) c'est Lui, et elle est constitutive. S'y conformer est un acte d'obéissance, une obéissance peut-être laborieuse dans la situation actuelle. Mais c'est précisément l'important (…) nous ne sommes pas un régime arbitraire.

---

[159]CONGRÉGATION POUR LA DOCTRINE DE LA FOI, *Déclaration Inter Insigniores sur la question de l'admission des femmes au sacerdoce ministériel,* in *www.vatican.va/.../rc_con_cfaith_doc_...nsigniores_fr.htm* (Consulté le 4 juillet 2013).

[160]*Inter Insigniores,* n°5.

[161]JEAN-PAUL II, *Lettre apostolique Ordinatio sacerdotalis,* du 22 mai 1994, n°4, §2.

Nous ne pouvons pas faire ce que nous voulons. Il y a au contraire une volonté du Seigneur à notre égard, à laquelle nous devons nous tenir, même si c'est laborieux et difficile dans cette culture et cette civilisation[162] ».

Au fait, dire que la femme ne pourrait pas agir, en tant qu'être humain féminin , *in persona Christi* parce qu'elle représenterait seulement l'Église épouse, mais ne pourrait jamais représenter l'époux qui est le Christ ; que « les femmes ne peuvent tenir symboliquement la place de l'Homme-Jésus, par qui Dieu a choisi de se communiquer à l'humanité[163] » ; dire que « le Christ s'étant incarné comme tête du corps mystique, Chef du Peuple de Dieu et Époux de l'Église, il est conforme à l'ordre de la création que ce rôle soit tenu par un homme[164] », etc. C'est « confondre image et réalité (…), tirer des arguments et des conclusions de prémisses symboliques, surtout pour l'organisation concrète de l'Église. On peut aussi se demander si, pour être vraiment signe du Royaume, l'Église ne doit pas s'adapter aux symboles de la culture humaine contemporaine qui insiste sur la collaboration des sexes [165] » ?

Pour A. Soupa et Ch. Pedotti, en effet, « la tradition la plus assurée de l'Église indique que le Christ a récapitulé en lui toute l'humanité afin qu'en lui, elle soit sauvée. N'aurait-il pas incarné l'humanité des femmes ? Les femmes ne seraient-elles pas sauvées ? (…) s'il a incarné aussi la part féminine de l'humanité, alors pourquoi une femme ne pourrait-elle pas être tout autant qualifiée que

---

[162]BENOIT XVI, *Lumière du monde. Le pape, l'Église et les signes des temps. Un entretien avec Peter Seewald,* Paris, Bayard, 2011, p.197-198.

[163]O. D'URSEL, *Les femmes dans le ministère*, in *Pro mundi vita,* 50 (1974), p. 23.

[164]O. D'URSEL, *Op.Cit.*, p. 23.

[165]*Ibid.*

les hommes pour être icône du Christ[166] ? ». Les critiques y voient plutôt une discrimination.

Le CIL n'aurait-il pas raison quand il estime nécessaire de redéfinir aussi la notion du sacré ? Sinon, le vrai problème demeure : discrimination et inégalité. Qu'en est-il de la question de sexualité ?

2.2.2. Égalité de l'homme et de la femme et la question de la sexualité

Pour bannir toute forme d'inégalité et de discrimination fondée sur l'appartenance sexuelle, et établir l'égalité de l'homme et de la femme par rapport à la question de sexualité, il est nécessaire et utile d'instaurer un nouveau rapport relationnel et intersexuel qui tienne compte d'abord de la personne humaine en tant que personne, indépendamment de son sexe. Citant l'apôtre Paul, Joseph Moingt écrit :

« Il n'y a pas dans l'Église du Christ de citoyens de seconde zone. Tous sont égaux en droits et en dignité en vertu de la justification par la foi au Christ et de la sanctification reçue de l'Esprit au baptême. Tous contribuent à part égale à l'édification de la cité de Dieu sur terre qui est l'Église (…) : '' Il n'y a plus Grec et juif, ni homme libre et esclave, ni masculin et féminin (…), car tous vous êtes un en Jésus Christ''. Paul n'entendait pas abolir les différences d'origine ethnique, sociale ou sexuelle, c'était un homme de son temps, qui partageait les préjugés culturels de son milieu, ni anti-raciste, antiesclavagiste ou féministe, mais il était fermement résolu à ce que ces différences ne soient pas cause de divisions, ni d'exclusions, ni d'inégalités dans l'Église[167] ».

---

[166] A. SOUPA et C. PEDOTTI, *Op.cit.*, p. 53.
[167] J. MOINGT, *Op. cit.*

La situation de la femme « a changé de façon spectaculaire depuis la seconde moitié du siècle dernier dans les sociétés occidentales et elle continue à changer sous nos yeux. En bref, la femme revendique et est en passe d'obtenir rapidement l'égalité absolue avec l'homme dans tous les secteurs de la vie (…) ; elle s'est émancipée de l'autorité parentale et maritale, du foyer et des tâches domestiques, des contraintes de sa fonction de génitrice, de gardienne des traditions familiales. (…) ce changement de la condition féminine serait le trait le plus marquant de l'évolution des civilisations depuis que l'humanité est passée d'une économie de cueillette et de chasse à l'agriculture, et on n'a pas fini d'enregistrer les contrecoups d'une telle rupture dans la tradition[168] ».

Malheureusement, c'est l'ordination sacerdotale, réservée aux seuls hommes masculins qui englobe encore les trois fonctions de sanctification, de gouvernement et d'enseignement dans l'Église.

Si du fait de leur sexe, les femmes ne peuvent accéder au sacrement de l'Ordre, car le Droit canonique de 1983 stipule que *seul un homme baptisé reçoit validement l'ordination sacrée* (Canon 1024). Là demeure encore l'inégalité et la discrimination. Et cette inégalité fondée sur le sexe est d'ailleurs contradictoire avec l'Évangile. Elle serait « le reflet de quelque chose de profondément humain certes, mais contingent et lié à histoire : les structures sociales, économiques, culturelles et politiques du type de société dans laquelle le christianisme s'est incarné, et qui a vu amorcer sa lente décomposition sous les coups de la révolution industrielle, scientifique et politique moderne[169] ».

---

[168] *Ibid.*

[169] J.-M. AUBERT, *La Réalité humaine : hommes et femmes ensemble. La Femme : Antiféminisme et Christianisme,* in

2.2.3. L'égalité de l'homme et de la femme et la question du pouvoir

Il est de l'ordre de la nature humaine que l'égalité de l'homme et de la femme puisse aussi avoir droit de cité dans la question du pouvoir ecclésial et sociétal. C'est un risque de vouloir réduire le pouvoir aux seuls hommes masculins. Et il semble insuffisant les arguments avancés pour exclure les êtres humains féminins du pouvoir ecclésial. En effet, « le fait qu'aucune femme - pas même Marie, mère de Jésus - n'ait figuré parmi les Douze, est considéré par certains comme une prise de position délibérée du Christ contre tout rôle dirigeant féminin dans l'Église. La succession apostolique serait donc réservée de façon intangible aux seuls hommes[170] ». Les autres arguments officiels, soutenus par la hiérarchie de l'Église catholique, tels que : « - Les femmes ne peuvent tenir symboliquement la place de l'Homme-Jésus, par qui Dieu a choisi de se communiquer à l'humanité. - Le Christ s'étant incarné comme tête du corps mystique, Chef du Peuple de Dieu et Époux de l'Église, il est conforme à l'ordre de la création que ce rôle soit tenu par un homme[171] » ; ces arguments ne sont plus partagés par bon nombre de théologiens et théologiennes actuels. Parmi ces derniers, d'aucuns estiment que les femmes autant que les hommes peuvent être *appelé-es aux ministères ordonnés*[172]. Car, « on ne peut confondre, estime Odette d'Ursel, image et réalité[173] ».

---

www.womenpriests.org/fr/francais/aubert05.asp (Consulté le 31 avril 2013).

[170]O. D'URSEL, *Les femmes dans le ministère,* in *Pro mundi vita* 50 (1974), p. 23, col.1.

[171]*Ibid.*

[172]Cf. le titre du livre de Pauline JACOB, *Appelé-es aux ministères ordonnés,* Novalis, Université Saint Paul, 2007.

[173]O. D'URSEL, *Op.Cit.,* p.24, col.1.

Aujourd'hui, certains théologiens pensent même qu'admettre les femmes dans les instances du pouvoir ecclésial de décision serait profitable et bénéfique pour l'Église et pour l'humanité. « La féminité, écrit Suzanne Tunc, est non seulement compatible avec les ministères, mais nous espérons montrer qu'aujourd'hui elle les exige. Les femmes, en assumant dès maintenant des responsabilités importantes dans le domaine ecclésial sont en fait toutes prêtes à entrer dans les structures officielles qu'on leur refuse encore[174] ».

De sa part, Roger Garaudy espérait d'ailleurs plus que cela : « Le mouvement des femmes n'a plus à s'intégrer aux hiérarchies, aux valeurs de domination du système ancien, mais il doit les briser et instaurer son système propre de rapports humains et de valeurs nouvelles[175]... ». Quoi qu'il en soit, une chose est évidente : la nécessité, voire l'urgence que l'Église s'adapte aux réalités et aux signes de temps du moment si elle veut que le message évangélique soit audible, crédible aux hommes et aux femmes d'aujourd'hui dans les conditions qui sont les leurs. Comme le dit Suzanne Tunc:

« Il est pourtant urgent de changer les structures ecclésiales. Telles qu'elles sont aujourd'hui, elles ne sont plus acceptables. Elles établissent un régime de domination hiérarchique masculine, où les femmes n'ont aucune voix de décision (…) il n'est fait appel à elles que pour les services qu'on veut bien leur demander et qu'elles rendent d'ailleurs de bon cœur, tout en gardant un sentiment d'exclusion et de discrimination injustifiées. (…) Il est grand temps d'instaurer ce partenariat égal entre femmes et hommes dont Jean-Paul II parle lui-même, mais

---

[174]S. TUNC, *Féminité et Ministère,* in *http://www.womenpriests.org/fr/francais/tunc12.asp* (Consulté le 31 avril 2013).

[175]Cité par S. TUNC, *Op.cit.*

sans encore le mettre en pratique (…). L'humain, mais aussi l'Église, a besoin qu'un peu de ''féminité'' arrondisse les angles de sa vie et de ses certitudes, que les femmes introduisent en fait les Béatitudes, qui sont, si l'on y réfléchit bien, les ''vertus'' qu'on se plaît à leur reconnaître[176] ».

2.3. Conclusion

Il est temps pour l'église de prêcher par des exemples. Manifester la tendresse de Dieu à l'humanité, notamment aux femmes violées tout en étant fidèle à l'Évangile en est un. Le partenariat homme-femme n'aura-t-il pas l'avantage de faciliter et de montrer au monde le Dieu d'amour et de tendresse ? Experte en humanité, l'Église qui admire pourtant le ''génie féminin'', ne devrait-elle pas passer de l'éloge de principe à l'insertion concrète des femmes « dans les rangs de la hiérarchie ecclésiastique[177] » ? Nous pouvons conclure avec cette pensée de Franz Alt que cite Suzanne Tunc :

« Un écrivain allemand, Franz Alt, remarque que Jésus, ''le premier homme nouveau'' (…) ''au lieu de refouler sa composante féminine (…) l'a intégrée et développée'' : ce qui s'exprime dans sa tendresse, sa compassion, son désir de service, sa soumission totale à Dieu. (…) L'homme et la femme ont en effet en eux les composants des deux sexes, mais à des degrés variés. Sans avoir un monde '' unisexe'', il faut que chaque être sache intégrer en lui, et respecter en l'autre, la composante sexuelle qui n'est pas la dominante chez lui (…). Si Dieu a créé l'homme et la femme, c'est pour que les deux apportent au service de la vie sociale, et de l'Église, leurs vertus propres dans le partenariat. Une Église uniquement masculine ne montre

---

[176] Cf. S. TUNC, *Op.cit.*

[177] A. ZARRI, *Une théologie de la vie*, in L. IRIGARAY, *Le souffle des femmes*, éd. ACGF, 1996, p. 135.

qu'une face de l'humain (…) Ce n'est pas parce que les femmes ont été écartées jusqu'ici du service ministériel officiel et que cette ''Tradition'' est bimillénaire qu'elle est justifiée. (…) on ne peut invoquer une tradition que lorsqu'elle est justifiée. Celle qui invoque '' l'exemple de Jésus '' parce qu'il a choisi douze hommes ne l'est pas. Elle fossilise une nécessité sociologique de l'époque. Elle est nuisible à l'équilibre et au développement de l'Église. Elle est un obstacle au Royaume. Faut-il la garder au seul titre de son ancienneté ?[178] ».

Il serait donc urgent d'élaborer une pastorale de la collaboration et « de la relation intersexuelle[179] ». Pour éviter une attitude pastorale désincarnée par rapport aux femmes en général et aux violées en particulier, puisqu'elle ne leur manifeste pas la tendresse de Dieu, n'importe-t-il pas aussi d'inventer de nouveaux modes relationnels entre femmes et hommes dans une société et dans une Église où « hommes et femmes ont à travailler ensemble, dans une franche collaboration[180] » ? Ainsi, pouvons-nous espérer que l'attitude pastorale de l'Église sera équilibrée et capable de dire Dieu de façon pertinente à l'humanité en général et aux sujets souffrants en particulier. Une attitude qui permettra aux femmes en général et aux femmes violées en particulier, de retrouver, chacune, leur place comme personne à part entière tant dans la société que dans l'Église.

Pour y parvenir, l'Église et la société sont appelées à accepter et à opérer quelques changements décisifs, courageux, profondément radicaux pour bâtir des structures équilibrées, justes et respectueuses.

---

[178] S. TUNC, *Op. Cit.*

[179] O. D'URSEL, *Les femmes dans le ministère*, in *Pro mundi vita* 50 (1974), p. 25.

[180] *Ibid.*

CHAPITRE TROISIEME

Femmes debout par des actions engageantes et transformatrices pour une société et une Église justes et respectueuses

3.0. Introduction

S'autoriser à être piliers, auteures et actrices, cela incombe avant tout aux théologiennes et intellectuelles africaines, aux femmes elles-mêmes et implique leur ferme volonté de se relever une fois pour toutes et à prendre la tournure libératrice pour toute la société. C'est avec elles et par elles qu'il sera aussi possible de remettre debout les femmes violées. Ce serait déjà important comme action et engagement pour arriver à une société juste et respectueuse.

Pour être pertinente, la pastorale locale elle aussi devrait s'incarner dans le contexte des femmes violées et leur redonner le goût de vivre. Dans la tradition chrétienne, à travers l'histoire, Dieu n'a cessé de se manifester parfois dans le moment tragique. C'est souvent dans des situations des crises où tout devient obscur, que surgit aussi la lumière qui redonne et rallume l'espérance. Les victimes des violences sont en quête de leur dignité et du goût de vivre. Elles ont soif d'entendre une parole nouvelle et ajustée attestant qu'elles peuvent devenir sujets, auteures et actrices en dépit de leur grande vulnérabilité tant dans la société que dans l'Église et ce, dans tous les domaines. Cela réclame une meilleure et sérieuse transformation socio-pastorale, mieux encore une conversion de l'imaginaire.

Cela nécessite aussi une écoute attentive de ces victimes, écoute de leur revendication, de leur souffrance pour les aider à se distancier de leur handicap et voir l'avenir avec courage et optimisme. N'appartient-il pas surtout à l'Église de promouvoir la reconstruction de l'identité anthropologique et éthique de ces femmes africaines profondément meurtries[181] ?

L'action pastorale future aura pour ambition de s'attaquer aux causes des viols, d'une part et d'autre part, aux causes de l'échec pastoral auprès des violées. La femme, en tant que valeur, n'est pas un instrument ni une arme (biologique) de guerre. Pour ce faire, le premier point propose des actions qu'il faudrait mener immédiatement pour répondre au drame des femmes violées. Bref, les actions d'urgence, à court terme. Le deuxième et le troisième point proposent des actions préventives, culturelles et structurelles à mener pour lutter d'une part, contre le phénomène de viol des femmes et d'autre part, en faveur de la promotion du partenariat *ontologique* et inclusif hommes-femmes dans la société et dans l'Église. D'où la création et la formation d'un Groupe Pilote, constitué d'hommes et de femmes convaincus, qui aidera à sensibiliser la communauté et à mener des actions transformatrices pour prévenir et empêcher, tant que faire se peut, le viol et tout comportement déshumanisant. Puis, il sera question d'envisager des actions courageuses et ambitieuses pour un accompagnement socio-pastoral tant dans le combat contre les structures injustes, discriminatoires et l'impunité, que dans la lutte pour l'intégration socio-économique et la survie des violées.

Pour Cyril Musila, « remettre debout la femme violée est un des défis majeurs de la reconstruction humaine. Il faut donc commencer par la création de structures et d'infrastructures d'accueil (avec un personnel qualifié et équipé) pour bien répondre aux nombreuses exigences d'une réhabilitation morale, sociale, physique et économique[182] ».

---

[181]Cf. X. THEVENOT cité par A. JOACHIN, *Op.cit.*, p. 71.

[182]C. MUSILA, *Femmes violées dans les conflits de la région des Grand-Lacs. De l'exclusion communautaire à la réhabilitation socio-économique,* in *http://www.irenees.net/bdf_fiche-defis-260_fr.html* (Consulté le 02 mars 2013).

3.1. Agir pour une aide d'urgence aux femmes violées

Les actions à court terme, à entreprendre immédiatement, dans l'urgence, pour répondre au drame des femmes violées.

3.1.1. Accompagner les femmes violées doublement blessées

Les femmes violées ont plus que jamais besoin de recouvrer leur dignité avant tout et un avenir qui rassure. Des actions pastorales efficaces auprès d'elles ne peuvent pas faire fi de cela. D'accord avec l'idée d'A. Joachin qui cite Thévenot, la chose à faire même dans le cas qui est nôtre, c'est de savoir ce que nous pouvons faire pour aider ces sujets souffrants à devenir sujets malgré l'absurdité. Il est important, selon lui, d'écouter ces sujets doublement souffrants nous dire comment ils vivent leur expérience au lieu de leur dire comment ils doivent vivre. Il s'agit surtout d'entendre comment, au cœur du tragique, ils arrivent à mener, malgré tout, leur vie. Il propose, en effet, une prise de parole dont la crédibilité est reconnue et confessée par les sujets souffrants eux-mêmes, car ajustée à leur situation. Cette prise de parole résulte, par conséquent, de l'écoute de leur expérience vécue[183]. Sur ce point précis, Thévenot rejoint Dorothée Sölle pour qui « l'expérience des sujets souffrants semble être le lieu privilégié pour comprendre et oser une prise de la parole autour de la souffrance[184] ». Jésus n'en a-t-il pas fait autant pour la femme adultère, avant de lui redonner une nouvelle chance de vivre ?

---

[183]Cf. THEVENOT cité par A. JOACHIN, *Donner la parole aux sujets souffrants. Un défi éthique pour Haïti*, in *Revue d'éthique et de théologie morale*, 264 (juin 2011) p. 63.
[184]*Ibid.*

Dans ce sens, l'effort pastoral auprès des femmes violées devrait consister à les aider à ne pas se décourager ni à se laisser faire dans leur souffrance. Au contraire, elles doivent en tirer des leçons pour l'avenir et entrer d'ores et déjà dans un combat permanent contre le viol qui les ronge pour en sortir transformées et libérées, s'affirmant dans la société et dans l'Église en tant que personnes à part entière. Elles n'ont donc pas à se réduire elles-mêmes à leur souffrance. Par contre, elles ont plutôt à mobiliser les énergies restantes en comptant sur les autres et aussi sur Dieu. Cela pourrait les aider à donner sens à leur vie même dans la souffrance[185]. L'espérance du devenir sujet malgré la souffrance repose sur la passion du Christ et sur la résurrection et la foi pascale. Il ne doit donc pas s'agir de se contenter de paraphraser les paroles de Jésus sur et dans la souffrance pour les appliquer aux situations contemporaines, des femmes violées par exemple[186]. Il est important que la Bonne Nouvelle apporte plutôt une lumière qui éclaire aujourd'hui l'agir pastoral juste et pertinent et la manière de vivre dans la société et dans l'Église. On se réfère à l'Écriture en tant qu'autorité première, sur laquelle on cherche à fonder et authentifier l'attitude pastorale juste, à travers un dialogue exigeant et critique[187].

Les besoins des femmes violées « sont nombreux et variés. Ils comprennent les besoins médicaux (traitement des maladies sexuellement transmissibles et du VIH/Sida, interventions chirurgicales, afin de réparer fistules et autres destructions des organes génitaux, autres traitements et chirurgies en lien avec la violence sexuelle) ; l'assistance

---

[185] *Ibid.*., p. 65.

[186] Cf. E. DURANT, « *Les principaux foyers du renouveau trinitaire* ». *Les réalisations du renouveau trinitaire au XXe siècle*, Paris, Cerf, 2010, p.13 Cité par A. JOACHIN, *Op.cit.*, p. 66.

[187] Cf. X. THEVENOT cité par A. JOACHIN, *Op.cit.*, p. 67.

psychologique ; les besoins économiques et sociaux. L'immense majorité des victimes (…) ont besoin d'un toit et de moyens de gagner leur vie ou d'une assistance économique en cas d'inaptitude au travail ainsi qu'un accompagnement social[188] ». Ces femmes violées ne sont pas capables de se remettre debout toutes seules. Elles ont besoin d'aide. Et la paroisse ne saurait pas non plus subvenir à tous leurs besoins. Le Groupe Pilote devra collaborer avec les autres ONG locales et avec les structures médicales en place pour tenter de faire quelque chose, chacun dans son domaine. Sinon, il se limitera seulement à un accompagnement du type socio-pastoral. Ici, le Groupe Pilote, qui sera formé et mis en place sera constitué d'hommes et de femmes, s'inspirera de l'expérience des autres, notamment du CAMPS[189] de Bukavu dont l'accompagnement des violées englobe les réparations matérielles, physiques, psychologiques, morales, indispensables à la dignité des victimes et des survivantes. Le Groupe Pilote ajoutera l'aspect spirituel à la pastorale sociale : en s'appropriant l'Évangile, source d'inspirations nouvelles pour des actions transformatrices, engageantes et libératrices dans le contexte concret de vie quotidienne.

La création d'un centre paroissial d'accueil et d'écoute sera aussi utile pour les victimes qui ont besoin d'un accompagnement socio-psycho-pastoral. Telles les victimes enceintes, séropositives, etc.

---

[188]G. BRETON, *Mettre fin à l'indifférence ! Les violences sexuelles dans les conflits armés de 1993 à 2003 en République démocratique du Congo,* in *http://publications.gc.ca/collections/collection_2011/dd-rd/E84-28-2011-fra.pdf* (consulté le 9 juillet 2013).

[189]CAMPS : Centre d'Assistance psychosociale, cf.*www.oikoumene.org/.../les-eglises-apport...es-de-viols-en-rdc* (Consulté le 3 juillet 2013).

3.1.2. Un centre d'accueil, lieu d'écoute pour une aide psychologique ; des cadres préparant à une réinsertion sociale

La célébration des sacrements dans la liturgie, y compris les prédications et l'enseignement doctrinal de l'Église, devraient posséder une dimension révélatrice auprès de ceux et celles à qui ils s'adressent. La célébration doit montrer combien le Dieu révélé par Jésus-Christ est un Dieu d'abord relationnel qui, par la Création, l'Alliance, l'Incarnation et la Rédemption, se lie définitivement à l'humanité, et fait de celle-ci une créature nouvelle. C'est bien ce Dieu-là, délivré de l'idolâtrie de l'absolu, qui peut désormais être présenté comme compatissant et régénérant pour les souffrances, comme celles des femmes violées, dont il se fait proche inlassablement, tel Jésus dans les Évangiles[190].

Ainsi, une pastorale incarnée auprès des femmes violées devrait-elle être essentiellement à l'écoute des cris, des révoltes et de la désolation, des situations-limites de ces femmes, sujets souffrants[191]. Le prêtre, le prédicateur est donc appelé à être avant tout pour elles un pasteur à l'écoute des sujets souffrants[192]. Là, il fait alors figure, comme Jésus, de donneur d'avenir, de frayeur de chemin pour ces victimes des violences sexuelles qui se trouvent ou qui se sentent dans une impasse, qui viennent vers lui en quête d'une route et de sens. C'est là qu'il doit trouver des mots qui ouvrent une brèche pour laisser passer la lumière, même quand tout semble noir et obstrué. Ainsi devient-il, pour ces victimes innocentes, un ouvreur d'avenir, un pasteur de vie à l'instar du Christ lui-même

---

[190]Cf. X. THEVENOT, *Liturgie, morale et sanctification*, in *La Maison-Dieu*, 201, 1995/1, Cité par A. JOACHIN, *Op.cit.*, p. 68.
[191]*Ibid.*
[192]Cf. *Ibid.*

[193]. Car, pour les violées, il n'est « donc pas question d'évangélisation, mais plutôt une simple présence de la tendresse de Dieu, sans bruit, sans apparat, à la manière d'une *''brise légère''*, comme lorsque Dieu se présente à Élie (1Rois 19,9-13a)[194] ».

L'expérience de l'ONG Simama-Développement[195], au Nord Kivu servira de modèle. Il sera mis en route une cellule de « Counselling (service d'assistance psycho-sociale) avec une attitude d'écoute, de l'acceptation de l'autre, de l'absence du jugement, d'empathie (…) tous sont un socle pour la mise en confiance et la mise à niveau de la femme victime de viol. De là découle un esprit de convivialité (…) puis suivra l'acceptation de son état et la facilité par le médecin de lui adjoindre un traitement médical ou une cure psychologique pouvant conduire à remettre l'équilibre psychologique sans oublier la correction médicale des problèmes de santé physique telles que fistule recto vaginalis, ulcération vaginalis[196] ».

Le Groupe Pilote mettra en route une cellule de conseillers psychologiques pour accompagner les victimes. Il aura aussi mission d'« aider les femmes à comprendre ce qui leur est arrivé, en discutant des conséquences de leur situation et en les aidant à établir de nouvelles relations. Il se tourne vers les époux, les familles et les communautés, les exhortant à accepter les

---

[193]Cf. X. THEVENOT cité par A. JOACHIN, *Op.cit.*, p. 70.

[194]O. LEGENDRE, *Confession d'un cardinal*, cité par G. PILETTE, in *http://www.culture-et-foi.com/coupsdecoeur/livres/olivier_le_gendre.htm* (consulté le 12 mars 2012).

[195]Dans ce cadre, l'expérience de Simama-Développement s'organise autour de quatre secteurs : l'aspect médical, la dimension de santé mentale (ou psychologique), le volet judiciaire et la dimension de réintégration ou de réhabilitation socio-économique, Cf. C. MUSILE, *Op.cit.*

[196]Cf. C. MUSILE, *Op.cit.*

femmes et les sensibilisant au fait que les victimes ne sont pas responsables de leur situation[197] ». Et c'est ensemble, hommes et femmes, d'attaquer les causes profondes des viols par la déconstruction de tout système qui engendre le déséquilibre ontologique. En ce qui concerne les enfants issus du viol et qui sont rejetés, le Groupe Pilote organisera des sessions à l'intention de la communauté pour qu'elle se rende compte que ces enfants « ne sont pas responsables et qu'ils ne sauraient constituer un danger à l'avenir[198] » du moment qu'ils sont acceptés et intégrés. Ainsi, pourrait se reconstituer petit à petit le tissu social détruit par la guerre à travers un travail de réparation, de justice, d'intégration sociale et de transformation sociale.

3.1.3. Assister judiciairement les femmes violées

Il convient de déclencher et d'investir des mécanismes efficaces pour lutter contre l'impunité et les injustices sociales. Tant il est vrai qu'une nécessaire révolution et reconstruction sociale passent aussi par la recherche de la vérité, la définition des responsabilités et la reconnaissance des crimes.

« Au-delà de l'impunité dont jouissent les nombreux auteurs de violences sexuelles dans les conflits de l'Est de la RDC, le défi majeur est de faciliter l'accès des victimes à la justice. (…) Et trop souvent, recourir à la justice est non seulement un parcours de combattant impossible pour des femmes souvent analphabètes et illettrées et devient un exercice plus périlleux que le mutisme. Car, les auteurs de viols – impunis ou protégés – sont des responsables ou

---

[197] *www.oikoumene.org/.../les-eglises-apport...es-de-viols-en-rdc* (Consulté le 3 juillet 2013).

[198] *Ibid.*

toujours armés, prêts à se venger[199] ». En effet, « le traumatisme est souvent aggravé par le fait que très peu de violeurs finissent par être condamnés[200] ».

L'action du Groupe Pilote consistera aussi à dénoncer les injustices et à assister les violées dans leurs démarches judiciaires. D'autant plus que beaucoup de violées illettrées ont honte d'en parler en public. C'est à ce niveau que le Groupe Pilote interviendra pour les encourager à témoigner devant les tribunaux locaux. Pour ces violées, « l'accès à la justice doit également être facilité. Certains obstacles (…) devraient être levés. L'aide juridique doit être généralisée, particulièrement pour les femmes victimes de violences sexuelles, souvent parmi les plus pauvres (…). L'adoption d'une loi reconnaissant aux survivantes le statut de personnes indigentes serait nécessaire. L'abandon des frais de procédure et d'exécution des jugements dans les cas de violences sexuelles viendrait compléter le dispositif. Les victimes devraient être informées de leurs droits, les parents et familles encouragés à briser le silence et à soutenir la victime [201] » dans sa situation difficile.

3.2. Promouvoir des changements culturels, religieux et structurels dans la société

Des actions préventives, culturelles et structurelles qui suivent, seront à mener pour résoudre à moyen et à long terme le problème du viol des femmes et des injustices.

---

[199]C. MUSILE, *Op.cit.*

[200]M. KIMANI, *Les femmes du Congo face aux séquelles des viols. La situation dramatique des rescapées de la guerre et de la violence sexuelle*, in *http://africabawatu.blogspot.be/2012/02/les-femmes-du-congo-face-aux-sequelles.html* (Consulté le 11 juillet 2013).

[201]G. BRETON, *Op.cit.*

3.2.1. Conscientiser, éduquer et former des hommes et des femmes pour prévenir et empêcher les viols

Le travail du Groupe Pilote sera de sensibiliser, de conscientiser et de mobiliser des hommes et des femmes contre toute pratique discriminatoire à l'égard des femmes tant dans les coutumes, les cultures que dans les religions. Car, « Si les violences sexuelles commises en temps de guerre ne sont combattues qu'isolément, la discrimination et les violences infligées aux femmes, qu'on enregistre aussi en temps de paix, seront complètement ignorées et la guerre contre les femmes s'en trouvera renforcée[202] ».

Pour y parvenir, il sera mis sur pied, à l'instar de l'ONG Simama-Développement du Nord-Kivu[203], un projet d'activités et un programme de sessions de formation pour apporter au niveau local quelques réformes nécessaires visant à décourager, à modifier et, au besoin à déconstruire certaines pratiques injustes de la coutume, de la culture et de la religion ; telles que la discrimination sous toutes ses formes à l'égard de la femme, le mariage précoce, le mariage forcé, le droit de cuissage, le rapt, etc. Ainsi, sera-t-il question de mettre en évidence et de faire valoir l'apport efficace et indéniable des femmes dans le milieu de vie, tant dans la société que dans l'Église. Ce qui milite en faveur de leur protection pour leur permettre de mettre en valeur leurs potentialités dans une mesure égale par rapport au reste de la population. Il sera donc question de mener une large campagne montrant que la femme n'est pas un instrument ni une arme biologique de destruction massive. Elle est plutôt source de vie.

---

[202] *Extrait du rapport de la rapporteure spéciale des Nations unies sur la violence à l'égard des femmes, ses causes et ses conséquences*, cité par G. BRETON, *Op.cit.*

[203] Cf. C. MUSILE, *Op.cit.*

Dans sa mission, le Groupe Pilote aura à souligner que c'est parce qu'en la violant, on a profané la femme, donnée par Dieu comme « source de vie pour le monde[204] », qu'on a en même temps déstabilisé les relations sociales, détruit la vie des innocents. Et par le fait même, les objectifs visés par les violeurs ne pouvaient aucunement être atteints, par cette voie. Au contraire, cela devrait conduire à de nouveaux conflits. Pour réussir leurs objectifs, les belligérants apprendront à respecter la femme, « symbole de la vie par excellence après Dieu », comme le dit Bénezet Bujo[205] pour qui, « s'il y a guerre qui perturbe la paix, attise la haine et cause les injustices, c'est parce qu'on a fait fi de la vie, sacrée dans l'Afrique[206] ».

Le Groupe Pilote devra également sensibiliser et conscientiser les femmes elles-mêmes autour de leur dignité et de leurs droits fondamentaux, de la liberté inaliénable dont elles doivent jouir absolument. Il apprendra aux femmes de s'approprier leurs droits, de dénoncer avec courage le viol en mettant fin au silence sur les questions de violence. Il proposera aux victimes d'en parler, surtout dans les milieux ruraux, où le droit à la parole est plutôt masculin, pour qu'elles arrivent à témoigner du viol subi, à le dire devant les autres. Le Groupe Pilote veillera aussi à sensibiliser des officiers militaires locaux et à former, en les invitant aux sessions, les militaires, policiers et avec eux le personnel para juridique[207]. « Étant donné que les viols font habituellement suite à des ordres donnés par des

[204]J. NGALULA, *Violences sexuelles faites à la femme : qu'en disent les Écritures ?* in *Telema*, 1-4 (janv.-déc.2008), p.111.
[205]B. BUJO, *Ce que l'on pourrait attendre du 2e Synode pour l'Afrique*, in *HEKIMA* 41 (2009), p. 23.
[206]B. BUJO, *Op.Cit.*
[207]Cf. M. KIMANI, *Op.Cit.*

supérieurs hiérarchiques, cette action éducative pourrait encourager les simples soldats et policiers à résister à de tels ordres ou du moins à les dénoncer[208] ». Le Groupe Pilote aidera les femmes violées à défendre leur cause et à entamer des poursuites judiciaires.

Trois objectifs de travail de transformation du Groupe Pilote pour prévenir et combattre efficacement le viol et les injustices.

3.2.2. Promouvoir un profond changement culturel et structurel

En République démocratique du Congo, « les femmes sont encore en minorité au sein des institutions et structures de l'État notamment au niveau : du Gouvernement, du Parlement, de l'administration publique et privée, des syndicats, des coopératives, des organisations professionnelles ainsi qu'au niveau des organisations communautaires de base[209] ».

L'effort à fournir devra consister à travailler plus et à promouvoir surtout un changement de toute l'organisation socio-culturelle. Car, celle-ci ne laisse souvent à la femme qu'une position de subordination et de dépendance sur laquelle s'enracine toute la violence et injustices. Cette subordination des femmes n'est-elle pas aussi présente dans l'institution ecclésiale ?

« La subordination culturelle des femmes - plus particulièrement en milieu rural- constitue le socle sur lequel se greffent la violence et les souffrances que subissent les femmes dans le milieu rural. En raison de cette position de subordination, les violences qu'elles subissent le sont en

---

[208] *Ibid.*

[209] RÉPUBLIQUE DÉMOCRATIQUE DU CONGO, *Document de la stratégie de croissance et de réduction de la pauvreté*, juillet 2006, in *http://siteresources.worldbank.org* (Consulté le 14 juillet 2013).

silence. Car le viol les stigmatise, les marque à vie. (…). Outre la honte intérieure, le viol installe la femme violée et violentée dans l'inertie et la paralysie qui la rend inapte à prendre une quelconque initiative pour s'émanciper[210]».

L'attitude et la parole de Jésus éclaireront le Groupe Pilote pour arriver à s'approprier l'Évangile et apporter un véritable changement structurel. En effet, l'attitude et la parole de Jésus contrairement à celles des scribes, sont telles que Jésus se met chaque fois non du côté de la Loi ni de la doctrine, mais du côté de la victime.

Dans un contexte très différent de celui des personnes violées, la victime coupable du récit de la femme adultère, se trouvait devant « une question de vie ou de mort puisqu'elle était menacée de lapidation. Cette violence physique se base sur une violence structurelle, une violence sociale, celle de la place de la femme dans la société de son temps (…) propriété de son père puis de son mari ; ce dernier peut la répudier, mais l'inverse n'est pas vrai. D'ailleurs dans ce récit, elle se retrouve seule traînée vers la mort, alors que forcément un homme a été coupable avec elle… où est-il?[211] ».

Jésus, devant la victime de ce récit de Jn 8,1-11, la rejoint d'abord, puis scrute son cœur et non la Loi, moins encore la doctrine de sa religion juive. Car, pour le Christ, la Loi « ne doit pas court-circuiter la parole intérieure qui permet de prendre conscience des enfermements de sa vie[212] ». Si telle était l'attitude de Jésus devant cette victime coupable de

---

[210]C. MUSILA, *Femmes violées dans les conflits de la région africaine des Grands Lacs. De l'exclusion communautaire à la réhabilitation socio-économique*, Goma, Nord-Kivu, mars 2010, in *http://www.irenees.net/en/fiches/defis/fiche-defis-260.html* (consulté le 28 janvier 2013).

[211]*www.theovie.org/.../Violence-de-quoi-parle-t-on/Textes-bibliques* (Consulté le 4 juillet 2013).

[212]M. PREVOST& R. LACROIX, *Pardonner est-ce possible ?* éd. de l'Atelier/ éd. Ouvrières, 2007, p. 49-50.

l'Évangile, ne le serait-elle pas à plus forte raison pour les femmes congolaises, victimes innocentes de viol et que rejette souvent la société? En Christ, les femmes retrouveraient leur dignité de femmes[213].

À la lumière de ce qui précède et étant donné que le but de certains violeurs était d'arriver au changement des structures injustes, le Groupe Pilote aura à conscientiser non seulement le social et le politique, mais aussi les coutumes, les cultures et les religions.

Il fera en sorte que l'égalité homme-femme soit non seulement un slogan, mais soit réellement vécue dans la pastorale et dans la société. La religion sera audible, crédible, respectée et acceptée si elle contribue à la promotion de l'égalité homme-femme et à cet engagement des hommes et des femmes pour la justice.

L'attitude du Christ ne peut-elle pas inspirer l'action pastorale d'aujourd'hui auprès des femmes en général et auprès des femmes violées en particulier pour leur libération et leur autonomisation en Afrique ? Jésus est le révélateur à la fois de la Vérité et de l'Amour de Dieu : deux attitudes de Dieu qui sauvent en mettant debout les personnes en situation désespérante, et en même temps en les rendant capables d'accueillir le Règne de Dieu au plus engagé de leur existence[214].

La préoccupation pour Jésus à l'égard de la femme en difficulté est de l'amener à une *nouvelle vie et chance nouvelle de vivre*[215] . Il a un « nouveau regard sur la vie et sur les êtres[216], notamment sur cette femme en difficulté qui

---

[213]Cf. M. FROMONT, *La femme adultère,* in *http://rene.cougnaud.free.fr/femmesdelabible/Fiches/comfemadult.htl* (Consulté le 28 janvier 2013).

[214]Cf. *Ibid.*

[215]C. CLOUTIER, *La femme adultère. La déroute des pharisiens*, in *http://www.catechese-ressources.com/la-femme-adultere* (Consulté le 8 juillet 2013).

[216] *Ibid.*

« sera maintenant une personne à part entière. Oui, le salut est bel et bien arrivé pour elle dans la maison de son être[217] ».

Pour les cas des viols à l'Est de la RD Congo, n'y a-t-il pas une invitation à trouver une vision nouvelle de la femme, un regard nouveau sur la femme en général et sur les victimes des viols en particulier ? Le récit de la femme adultère émane d'« une société orientale (au sens de l'Orient Ancien) et patriarcale en sus. La femme, ici, n'a aucun droit : ni civil, ni religieux. (…) Elle est toujours et nécessairement le bien d'un homme (...) Bien malgré elle, la femme adultère devient l'enjeu d'un groupe d'hommes, scribes et pharisiens. Ceux-ci faisant fi de sa vie, s'en servent pour piéger Jésus. Femme, elle est nécessairement la propriété de quelqu'un au même titre qu'un objet ou un animal. Objet de plaisir ou de service selon les circonstances. Ici, elle devient prétexte pour piéger Jésus, peu importe qu'en bout de piste c'est sa vie à elle qui est en jeu. (…) Comme la vie germe dans l'argile, ainsi la Loi nouvelle de Jésus va germer dans le cœur des personnes[218] ».

N'est-ce pas une manière d'incarner le message chrétien dans le contexte de chaque personne et de toute personne quels que soient son sexe et sa situation ?

3.2.3. Lutter avec toute la communauté contre l'impunité

Le rôle important du Groupe Pilote consistera à réussir non seulement la réhabilitation socio-économique, mais aussi, à travers celle-ci, à restituer à la femme violée son statut dans la communauté, dans la famille, dans l'Église. Abandonnée, exclue, elle retrouverait grâce à sa

---

[217] *Ibid.*
[218] *Ibid.*

réintégration socio-économique et pastorale, ses capacités à redevenir actrice de la société, à part entière[219].

Le Groupe Pilote ouvrira un foyer social où les femmes violées analphabètes apprendront à « lire, à écrire, à compter, à gérer un microprojet ou toute autre initiative qui éloigne du terrain de viol et générer un revenu sont des étapes de réhabilitation. Étapes qui redonnent de la fierté, de la confiance et de l'humanité[220] ».

Pour ce faire, le Groupe Pilote impliquera toute la communauté, hommes et femmes dans le combat non-violent pour la justice et envisagera aussi de mettre en route des actions de dénonciation et de poursuite des lois et pratiques injustes et illégales à l'égard des femmes, à créer, avec les autorités compétentes locales, une cellule de lutte contre l'impunité, accessible à toutes les victimes d'injustice, à mettre en place une cellule chargée du programme de rétablissement de la paix sociale, incluant réparation pour la victime, responsabilisation de l'auteur et rétablissement de la paix sociale. Et ce avec l'appui des autres organisations de Droits humains, des autres églises et de la Commission de Justice et Paix diocésaine, pour la restauration efficace du tissu social qui articulera au mieux, sans n'en exclure aucune, la justice transitionnelle, la justice réparatrice et la justice punitive. Ainsi viendrait la question du pardon qui ne peut aller sans justice.

Les expériences d'ailleurs inspireront la cellule *ad hoc*. « Pensons par exemple au travail des Commissions Vérité et Réconciliation, au Pérou, en Afrique du Sud[221] », qui « ont abouti à des résultats, à des changements significatifs,

---

[219]Cf. C. MUSILE, *Op.cit.*

[220]*Ibid.*

[221]B.- ALBERT et A.-S. BERCK (Chargée de projets à Justice et Paix Septembre 2008), *Faire parler, le pouvoir des récits dans la lutte contre l'impunité,* in *http://www.justicepaix.be/?article39* (consulté le 12 avril 2013).

mêmes si ''tout n'est pas réglé''[222] ». Le processus de lutte contre l'impunité s'enclenche quand le silence se brise. Car briser le silence constitue un premier pas vers la fin de l'impunité. La cellule donnera à la société l'occasion de « faire éclater la vérité au grand jour[223] ».

3.2.4. Renforcer le pouvoir économique des femmes

Par ailleurs, nous pourrions suggérer au Groupe Pilote de veiller à promouvoir l'autonomisation des femmes, par le renforcement de leur pouvoir économique à travers la pratique des activités d'auto-prise en charge. Il doit s'agir pour les femmes piliers, auteures et actrices de leur vie. C'est peut-être ainsi que la femme pourra bien jouer son rôle dans la prise des décisions importantes qui engagent la société. En collaboration avec les autres Églises locales, le Groupe Pilote leur donnera la chance d'être elles-mêmes en les ouvrant à plusieurs initiatives et activités génératrices de recettes. Il encouragera le travail en petite équipe de vingt-cinq personnes pour se soutenir mutuellement et s'entraider efficacement.

3.3. Promouvoir dans l'Église un esprit plus évangélique ouvert aux femmes

Au fond, l'enjeu ne serait-il pas finalement de promouvoir dans l'Église une conversion radicale, un changement de mentalité et la participation des femmes dans la vie ecclésiale, notamment dans les postes décisionnels ? De promouvoir la dignité de tous les baptisés - hommes et femmes - leur accordant une participation active et effective à la pastorale, notamment concernant les fonctions du gouvernement,

---

[222] *Ibid.*
[223] *Ibid.*

d'enseignement et de sanctification ? Il y a encore un tournant à faire pour intégrer réellement les femmes et promouvoir la dignité de tous les baptisés dans l'Église.

3.3.1. Conscientiser les communautés chrétiennes

Le Groupe Pilote, avec le concours des femmes elles-mêmes, sensibilisera aussi au niveau paroissial les communautés de base à prendre conscience du statut de la femme et de sa situation dans la société dans le but d'arriver à un changement culturel profond et réduire les violences contre la femme. Cependant, la lutte contre toutes les formes de discrimination à l'égard des femmes restera un défi majeur pour le Groupe Pilote.

Ces communautés de base doivent savoir que les violées ne sont pas coupables. Au Congo, dans le cas des viols, les coupables ce sont les violeurs, ensuite les responsables de la société et la communauté qui accusent et rejettent les violées et restent passifs devant leur souffrance et qui laissent impunis les violeurs.

3.3.2. Intégrer les femmes dans l'action pastorale

Dans cet effort, le Groupe Pilote aura à proposer d'associer les femmes dans la lutte contre les structures injustes, au lieu de les considérer comme instruments ou armes de guerre. Il sera question d'impliquer plutôt les femmes et de collaborer avec elles dans la lutte quotidienne contre les structures et les lois illégales ou injustes. Il militera pour impliquer aussi les femmes violées dans la gestion de la communauté et de la paroisse. De même, l'action pastorale luttera également en faveur d'une représentativité importante des femmes dans les instances de prise de décision, même au niveau paroissial, pour que les droits de la femme soient pris en compte au même titre que ceux des hommes.

3.3.3. Promouvoir la dignité commune de tous les baptisés

Il y a des efforts à faire pour arriver au changement profond de mentalité. Il est question de parvenir à convertir l'esprit des relations intra-ecclésiales. À ce propos, Michel Rondet propose même de « *désacraliser les structures et évangéliser les relations*[224]» pour que tous les baptisés, hommes et femmes, puissent accomplir ensemble et sans discrimination, leur rôle et que la place des femmes soit reconnue. Et Moingt, « critique alors la position qui soumet étroitement le sacerdoce des fidèles au pouvoir des clercs et évoque la part active que les fidèles doivent prendre, au nom de leur baptême, à la vie et au témoignage de l'Église[225] ».

Pourtant, évoquant la nécessaire prise en compte du sacerdoce des baptisés, Jean Rigal affirme que « le Concile a remis en valeur le sacerdoce commun des baptisés qui s'exerce dans l'écoute de la Parole de Dieu, la célébration et la mission (*Lumen gentium* n° 10 à 12). C'est là une voie porteuse d'avenir dont l'application dépend entièrement de nous, avec la force de l'Esprit[226] ». C'est l'effort que le Groupe Pilote aura à déployer auprès de la « communauté chrétienne qui se doit d'être fraternelle, compatissante aux petits, aux pauvres, ouverte à tous[227] », hommes et femmes sans distinction. Ainsi

---

[224]M. RONDET, *l'Esprit, espérance d'une Église en crise,* Paris, Bayard, 2011, p. 67.

[225]J. MOINGT, *L'une et l'autre part du sacerdoce du Christ,* cité par M. RONDET, *Op.cit.,* p. 71.

[226]J. RIGAL, *« Faire droit au sacerdoce des baptisés »*, cité par M. RONDET, *Op.cit.,* p. 70.

[227]Cf. M. RONDET, *Op.cit.,* p. 85.

seront rendues aux communautés chrétiennes la dignité commune de tous les baptisés et la responsabilité de leur vie. D'autant plus que, comme le dit Rondet, « le Christ n'a pas confié l'avenir de sa communauté à une classe d'hommes qui en assumeraient seuls l'animation et les orientations ; or c'est ce qui s'est produit à travers l'instauration d'un clergé conçu sur le mode de celui des cultes païens. C'est avec cette tradition qu'il faut rompre en rendant aux communautés chrétiennes la responsabilité de leur vie et de leur animation sous le contrôle du ministère apostolique des évêques[228] ».

3.4. Conclusion

Ce troisième chapitre a consisté à présenter des actions transformatrices pratiques et concrètes visant à remettre debout les femmes violées pour arriver à une société et à une Église justes et respectueuses. Le premier point a proposé des actions qu'il faudrait mener immédiatement pour répondre au drame des femmes violées. Bref, les actions d'urgence et à court terme, à savoir : accompagner et assister les violées dans leurs besoins médicaux, judiciaires, économiques, sociaux ; créer un centre d'accueil pour une assistance psychologique et pour un compagnonnage en vue de leur réinsertion sociale.

Le deuxième et le troisième point ont proposé des actions préventives à promouvoir pour arriver à des changements culturels, religieux d'une part, et d'autre part, promouvoir la dignité commune de tous les baptisés hommes-femmes : conscientiser et évangéliser les coutumes, les cultures, les religions, les structures et institutions ; lutter avec toute la communauté (femmes/hommes) contre les pratiques discriminatoires et

[228]M. RONDET cité par A. SOUPA et C. PEDOTTI, *Op.cit.*, p. 176.

contre l'impunité ; intégrer les femmes dans les actions pastorales à tous les niveaux.

Nous espérons que de cette manière, la tendresse de Dieu pourra être manifestée aux violées. En même temps, pourrait être instaurée, de cette même manière, une société et une Église justes et respectueuses. C'est seulement après que la question du pardon pourrait avoir sa place et, à notre avis, porter du fruit. Car, les causes supprimées, les effets seront appelés à disparaître de soi. Cette question du pardon, nous l'aborderons de manière plus détaillée dans nos recherches à venir.

Conclusion générale

Il reste difficile de connaître avec précision les chiffres des viols des femmes et des filles congolaises, pratiqués comme nouvelle arme de guerre. Même le chiffre de 500.000 femmes et filles violées depuis le début de la guerre à l'Est de la RD Congo que rapportent certaines sources[229] ne peut être que partiel et est loin de représenter la réalité et la totalité des cas. D'autant plus que certaines femmes et filles violées se sont empêchées de faire connaître leur situation pour des motifs personnels ; d'autres, par peur de représailles, sont obligées de ne pas témoigner. Et d'autres encore n'auront jamais la possibilité de le faire puisqu'ayant été tuées après le viol ou pendant l'esclavage sexuel[230].

Ce qui est certain, c'est que ces nombreuses femmes et filles violées, en tant que sujets souffrants, ont besoin non pas de discours, mais d'attitudes justes, de paroles vraies, porteuses de libération, de justice et de vie. Des paroles « qui se fondent et convergent en un acte de témoignage, d'entraide, d'engagement, et qui soient une réponse vitale à donner à leurs problèmes et à leurs luttes[231] » contre l'impunité, l'inégalité, la discrimination sous toutes ses formes.

Cette pensée théologique est une quête de cette attitude pastorale et de cette parole justes susceptibles de manifester la tendresse de Dieu aux femmes violées à travers un tournant décisif de tout l'imaginaire social,

---

[229]Cf. J. MAPATANO KARUME, *Violences sexuelles, régime juridique et limites à la répression de ces crimes en République démocratique du Congo*, L'Harmattan Italia, Torino, 2012, p. 15.

[230] *Ibid.*, p. 12-13.

[231]E.- L. HERNÁNDEZ, *L'apport des Indiens à la cinquième Conférence générale de l'épiscopat latino-américain et caribéen*, in : *http://www.alterinfos.org/spip.php?article798* (consulté le 2 mars 2013).

culturel et religieux. Tournant susceptible non seulement de remettre débout les victimes, mais plus que cela, d'attaquer le problème du viol par ses racines profondément ancrées dans le *déséquilibre ontologique radical*, source des injustices et des traitements inhumains.

La tendresse de Dieu ne se manifestera-t-elle pas davantage dans une Église et dans une société équilibrée, plus justes, plus respectueuses, plus évangéliques ? En effet, si les femmes et filles violées n'expérimentent pas dans leur vie et dans leur situation de double souffrance la présence de la tendresse de Dieu dans l'attitude et l'enseignement de l'Église, que signifierait alors pour elles l'Incarnation ? « Le fait que Jésus prit réellement chair humaine et qu'il se fit solidaire de ses frères dans la souffrance, dans les larmes et les plaintes, par le don de soi. (…) Jésus est le Verbe de Vie (1 Jn 1,1), et que là où il y a la vie, là se manifeste Dieu. Là où le pauvre commence à se libérer, là où les hommes peuvent s'asseoir autour d'une table commune pour partager, là est le Dieu de la vie[232] ».

Le rôle de l'Église n'est-elle pas « d'apporter une réponse aux inquiétudes et aux interrogations humaines sans ''séparer les aspirations issues de notre nature humaine de la lumière de la foi'' ; et de faire que cette réponse soit une Bonne Nouvelle, une bénédiction pour les nations, une source de réjouissance et de joie qui doit être totale, une béatitude. Être au service de la vie, c'est construire le Royaume et rendre gloire à Dieu : *''Gloria Dei, homo vivens, gloria hominis, autem, visio Dei ''* (*''la*

[232]*Discours de Mgr Romeo prononcé lors de la réception du doctorat Honoris Causa, le 2 février 1980 à l'Université de Louvain*, in *http://perspective.usherbrooke.ca/bilan/servlet/BMDictionnaire?iddictionnaire=1679* (Consulté le 13 juillet 2013).

gloire de Dieu est l'homme vivant ; la gloire de l'homme est la vision de Dieu'', Saint Irénée)[233] » ?

Les femmes en général et les femmes violées en particulier ont d'abord soif de justice et de dignité tant dans l'Église que dans la société. C'est seulement après, que le pardon aura sa place avec des résultats fiables.

D'ailleurs, pardonner n'exige pas qu'on renonce à ses droits, dit Monbourquette pour qui « le pardon qui ne combat pas l'injustice, loin d'être un signe de force et de courage, en est un de faiblesse et de fausse tolérance. Cela encourage la perpétuation du crime[234] ».

C'est dans cette optique que, pour atteindre notre objectif, nous avons, dans le chapitre premier commencé d'abord par resituer le contexte général qui a conduit aux guerres dont les femmes sont victimes, à savoir les antécédents historiques, les enjeux géopolitiques dans la région, les parties adverses en présence. Ensuite, nous avons parlé du viol des femmes comme arme et/ou tactique de guerres ; puis de la pastorale déployée par l'Église locale pendant cette situation des guerres ainsi que de défis socio-pastoraux auxquels s'est heurtée notre pastorale antérieure auprès des personnes violées. Ce qui nous a permis de scruter les causes, les conséquences et les effets des viols liés à la guerre, avant de déplorer le rejet des victimes et l'impunité des violeurs qui ont caractérisé l'attitude de la communauté en général.

Le chapitre deuxième nous a amené à nous interroger sur la place et les conditions des femmes dans le monde et dans l'Église avant de montrer l'urgence d'une pastorale du partenariat ontologique et inclusif homme-femme et la clé pour sa mise en œuvre dans l'Église. Le chapitre

---

[233] E. - L. HERNÁNDEZ, *Op.cit.*

[234] J. MONBOURQUETTE, *Comment pardonner. Pardonner pour guérir. Guérir pour pardonner. Nouvelle édition revue et corrigée,* Novalis/Centurion, Ottawa, 1992, p. 40- 41.

troisième a présenté les pistes pastorales engageantes, libératrices, pratiques et concrètes pour remettre debout les femmes violées, promouvoir un véritable changement culturel et religieux pour une réinsertion pastorale et socio-économique des femmes et pour leur autonomisation en faveur d'une société et d'une Église justes et respectueuses. C'est tout un programme de reconstruction et transformation sociales.

Pour conclure, nous rappelons que ce travail ne saurait être exhaustif s'il n'est pas suivi et complété par une réflexion approfondie sur la question du pardon et ses conditions de possibilité face au mal radical, notamment celui du viol des femmes. Nous aurions pu aborder maintenant et de manière détaillée cette question du pardon. Mais hélas, il ne nous est pas possible de l'aborder entièrement dans cet ouvrage. Nous proposons donc de l'approfondir dans nos travaux ultérieurs dont le tout prochain sera un complément logique de celui-ci et portera sur la réappropriation dynamique et libératrice de l'Évangile de Jésus-Christ dans les sociétés africaines postcoloniales. Du tournant prophétique au tournant féministe des théologies africaines postcoloniales.

C'est en ce sens que se poursuivent mes recherches doctorales à l'Université de Montréal (Canada) pour élaborer et présenter de manière systématique et approfondie une *approche théologique et ecclésiologique du viol des femmes comme arme de guerre* au Centre-Est de la RD Congo. La foi au Christ vivant parmi nous doit devenir le ferment pour la transformation politique et spirituelle des sociétés africaines contemporaines. Le tournant féminin et féministe de la théologie en Afrique subsaharienne s'inscrit justement dans cette dynamique de réappropriation prophétique et émancipatrice du message du salut en et par Jésus-Christ.

ANNEXE I : Texte de l'ACEAC[235]

Contribution de l'Église catholique au processus de paix dans la sous-région des Grands Lacs.
« Recherchons ...ce qui contribue à la paix »
(Rm 14,19).

Message de la VI ème Assemblée Plénière de l'ACEAC aux fidèles catholiques de la sous-région des Grands Lacs et aux hommes de bonne volonté, du 17 mai 2002

1. Nous, Cardinal, Archevêques et Évêques du Burundi, de la République démocratique du Congo et du Rwanda, conscients de notre fraternité humaine et chrétienne et de notre appartenance à une famille qui ne connaît pas de frontières, nous n'avons pas hésité, dès le début de cette année, à nous rendre successivement à Kinshasa, à Bujumbura et actuellement à Kigali, pour partager ensemble nos soucis pastoraux et pour délivrer un message commun concernant la paix qui nous vient du Christ.

2. Il y a trois ans, tandis que nous étions réunis à Nairobi, en Assemblée Plénière de l'Association des Conférences Épiscopales de l'Afrique Centrale, ACEAC en sigle, lancions un appel pressant aux chrétiens et à tous les hommes de bonne volonté en disant : " Vous êtes tous frères... (Mt 23,8), arrêtez les guerres ". Ce message, bien que largement répercuté et accueilli par les fidèles chrétiens, n'a pourtant pas arrêté les guerres.

3. Au cours de la présente réunion, le Pape Jean Paul II, dans le message d'encouragement qu'il a envoyé au Président de l'ACEAC, insiste encore : "Aujourd'hui, je

[235]Étaient présents à cette Assemblée de l'ACEAC, tenue à Kigali du 13 au 18 mai 2002, 25 évêques Congolais, 8 évêques rwandais et 5 évêques burundais qui ont signé le document qu'on peut trouver dans ce site : *http://www.africamission-mafr.org/aceac.htm* (Consulté le 10 octobre 2016).

veux redire avec vous : Plus jamais la guerre qui ruine le désir des peuples de vivre dans la tranquillité et l'entente fraternelle ! Que se lève sur l'Afrique des Grands Lacs les témoins courageux d'une nouvelle espérance pour toute la région !". Son Excellence Mgr Robert Sarah, Secrétaire de la Congrégation pour l'Évangélisation des Peuples, aborde lui aussi le thème de l'espérance face à la situation de crise qui est la nôtre, dans son homélie prononcée à la messe d'ouverture de nos assises en disant : " Malgré la guerre et la violence absurde, malgré les catastrophes, malgré tous les malheurs qui nous submergent, nous devons ensemble réaffirmer notre foi en l'amour que Dieu nous porte. Dieu aime l'Afrique ". Et le Président en exercice de l'ACEAC, en ouvrant nos travaux, a caractérisé dans les termes suivants les circonstances de la présente réunion : "Nous voudrions…réaffirmer devant tous et chacun l'évidence de notre mission comme Église du Christ, sacrement et lieu de salut. Cela est vrai de par notre foi. Cela est vrai également, et heureusement d'ailleurs, de par les appels qui nous sont adressés de toute part. L'Église catholique est l'institution la mieux placée, pour faire prendre conscience de la crise qui sévit dans nos pays."

4. Comme " l'espérance ne déçoit jamais " (Rm 5,5), nous vous adressons encore, quant à nous, une nouvelle exhortation, au vu de la détérioration de la situation de nos pays et de nos populations qui est telle que ceux-ci sont en train de sombrer dans le désespoir. Nous convions une fois de plus tous les chrétiens et hommes de bonne volonté des pays des Grands Lacs à rechercher avant tout ce qui contribue à la paix (cf. Rm 14,19). Notre message veut être un Manifeste visant à susciter un engagement plus énergique pour l'avènement d'une paix durable dans la sous- région.

L'ASPIRATION À LA PAIX
dans la sous-région des Grands Lacs

5. La situation de crise généralisée dans la sous-région des Grands Lacs est connue de tous. Nos peuples sont fatigués de tous ces conflits et ces guerres, et aspirent ardemment à la paix.

La crise des Grands Lacs

6. Durant cette dernière décennie, la sous-région des Grands Lacs a été le théâtre macabre de conflits armés et d'affrontements meurtriers, de massacres, voire de génocide et autres crimes contre l'humanité, endeuillant des milliers de familles, et jetant sur la route d'exil des populations entières. D'autres portions de populations sont réduites à vivre, depuis de nombreuses années, dans des camps de réfugiés ou de déplacés, où épidémies et famines causent un grand nombre de morts. Des peuples, qui se reconnaissaient jadis comme des frères, sont aujourd'hui pris dans l'engrenage de la haine, de la xénophobie et de la violence. Et la situation ne semble guère se décanter, malgré certains efforts déployés pour en sortir.

Les causes de la crise

7. La cause fondamentale de cet état de choses est certainement le Péché qui marque la nature humaine. Il revient à chacun de nous de triompher de ce mal, en lui et autour de lui ; ce mal nous guette à tout instant. " La nature humaine secrète depuis les origines des antagonismes qui débouchent sur des conflits et des guerres ". Les divers maux dont sont victimes les peuples de la sous-région des Grands Lacs sont autant de conséquences des péchés dont nous pouvons facilement

être complices, si nous n'y faisons attention. Ces péchés ont pour noms aujourd'hui : l'ethnocentrisme, l'égoïsme de certains dirigeants, la perte du sens moral chez bon nombre de personnes, les exclusions mutuelles de toutes sortes ; autant d'atteintes à la dignité des personnes.

8. À cela s'ajoute l'attitude coupable de personnes et de groupes qui hésitent à travailler pour que la situation change. Il en existe même qui œuvrent volontairement à maintenir nos peuples dans la situation de non-droit, notamment par le mensonge, la manipulation et la désinformation, les violations des droits des personnes, des groupes humains, des États et des Nations ; cela parce qu'ils en tirent des dividendes. Les manipulations politiciennes, la vente massive d'armes en vue d'entretenir des foyers de conflits meurtriers et l'endettement qui s'ensuit, l'enrôlement des enfants pour les combats, sont autant de situations inacceptables pour notre conscience d'hommes et de pasteurs.

Des lueurs d'espoir

9. Il y a cependant des lueurs d'espoir lorsque nous considérons par exemple des assises de dialogue qui se tiennent ici et là dans nos pays. Ces derniers temps, nous constatons, au niveau des communautés tant nationales qu'internationales, une mobilisation déterminée pour la paix. Ainsi particulièrement les accords de Lusaka, ceux d'Arusha, et récemment les négociations du dialogue inter congolais. Le fait que les populations continuent à vivre ensemble et même à être solidaires malgré les forces de violence et de division constitue une grande lueur d'espérance.

L'Église face à la crise

10. Face au drame qui sévit dans notre sous-région, chacun doit prendre ses responsabilités : les dirigeants politiques, les partis politiques, les chefs de guerre et les belligérants, la société civile. L'Église est, par sa nature et par sa mission, messagère d'unité et de paix. Il lui revient de rassembler les hommes de provenances diverses en une seule et grande famille. Elle a reçu mission de faire de tous les hommes des frères. Mais, eu égard à la gravité de la crise actuelle que traverse la sous-région des Grands Lacs, nous croyons que cette mission d'évangélisation doit s'intensifier par un engagement plus énergique et plus concret pour instaurer un royaume de justice et de paix, un royaume de pardon et d'amour. Cette Église doit être vécue comme Église Famille de Dieu, selon l'idée-force promue par le dernier Synode spécial pour l'Afrique.

Culture de la paix et institutions de droit

11. Ce dont la sous-région des Grands Lacs a véritablement le plus besoin, c'est la promotion d'une culture de la paix et l'édification d'une société d'excellence, une société marquée par la vérité, la justice, l'équité, le pardon et l'amour. L'Église est décidée à y apporter toute sa part de contribution, conformément à sa mission. Il s'agit pour elle d'éduquer la conscience en vue d'un agir responsable pour la cause de la paix. Il s'agit ensuite de faire prendre conscience à tous ceux qui ont charge de conduire les hommes, que leur mission est ordonnée au service des personnes et du bien commun, conditions pour une paix durable. Il s'agit de construire ensemble un État de droit dans chacun de nos pays, pour qu'enfin les conditions d'épanouissement de chacun et de tous soient remplies, et que nos pays se mettent

définitivement en marche vers le développement intégral et rapide de nos sociétés.

12. Interpellés par l'urgence de la situation et dans l'attente de vous adresser, le moment venu, une exhortation pastorale livrant plus analytiquement nos directives pour les années à venir, nous vous proposons les éléments suivants pour l'avènement d'une véritable paix dans notre sous-région. C'est notre contribution spécifique et immédiate pour améliorer le sort général de nos États.

MANIFESTE DE L'ACEAC POUR LA PAIX en Afrique des Grands Lacs

13. L'Église catholique qui est au Burundi, en République Démocratique du Congo et au Rwanda vous adresse le Manifeste ci-dessous pour la paix en Afrique des Grands Lacs. Ce Manifeste se veut un témoignage commun de fraternité et d'espérance des pasteurs catholiques devant les fidèles et les hommes épris de paix dans notre sous-région des Grands Lacs. Il dénonce les atteintes aux droits fondamentaux de l'homme dans cette même sous-région et indique les grandes perspectives d'action pour l'instauration de l'état de droit et d'une paix durable.

DENONCIATION ET CONDAMNATION

14. Nous dénonçons et condamnons :

. Le mépris de la vie, la non-considération de la dignité absolue de la personne humaine dont les conséquences néfastes ont abouti au génocide et autres crimes contre l'humanité, aux massacres, aux viols, aux éliminations de groupes et de familles, tous malheurs que nous connaissons et déplorons;

·Le soutien et l'organisation des manœuvres de déstabilisation de nos pays, en les opposant les uns aux autres ;

·La provocation et l'entretien des situations de guerres et de conflits qui favorisent la dégradation de nos États ;
·La violation continuelle, d'origine externe et interne, du droit des personnes, des groupes humains, des États et des Nations ;

·Le trafic illicite d'armes de tout genre dans la sous-région des Grands Lacs et l'enrôlement des enfants dans l'armée et les milices ;
·La mauvaise gouvernance qui engendre l'anarchie et l'arbitraire, et qui manifeste le manque de volonté politique pour promouvoir l'État de droit ;
·L'exploitation de la haine et de la division ethnique comme idéologie pour la conquête ou la conservation du pouvoir ;

·La poursuite de la guerre ayant comme conséquence un endettement sans cesse croissant qui pèsera sur les générations futures ;
·La lutte entre les intérêts divergents des puissances étrangères qui entravent la recherche et l'application des solutions à la crise des pays des Grands Lacs ;
·La complicité des puissances étrangères avec les gouvernements et/ou les groupes armés qui entretiennent les conflits et détruisent la sous-région des Grands Lacs.

RECOMMANDATIONS

15. Nous recommandons :

1. à tous et à chacun d'accepter résolument et sincèrement que le moment est venu pour que le cours des

choses change positivement et de façon durable dans notre sous-région ;

2. aux agents pastoraux de s'appliquer à être les premiers artisans de paix et de réconciliation, notamment en évitant tout acte susceptible de favoriser l'exclusion et l'ethnocentrisme ; il leur revient d'éduquer les fidèles chrétiens à la culture de la paix ;

3. aux fidèles chrétiens de s'engager encore davantage à tous les niveaux, par la prière et par des actions, notamment de solidarité, de justice et de paix pour l'édification d'une Église Famille de Dieu dans la sous-région des Grands
Lacs ;

4. aux hommes politiques de nos trois pays de travailler hardiment pour l'instauration d'un État de droit dans chacun des pays de la sous-région, avec ce que cela implique en termes de souveraineté d'État, de libertés citoyennes, de respect des droits humains, de justice sociale, d'élections libres et démocratiques ;

5. aux magistrats de rejeter la corruption et de rendre une justice équitable pour chacun et pour tous, conformément à la mission qui leur est dévolue dans un État de droit ;

6. aux forces de l'ordre (armée, police, sécurité civile et militaire) d'assurer la sécurité des États, des citoyens, des expatriés et de toute autre personne en séjour dans nos pays, sans oublier la protection de leurs biens ;

7. aux éducateurs et formateurs de la jeunesse (les parents, les enseignants, l'Église, l'État, …) de veiller, chacun en ce qui le concerne, à l'éducation adéquate de la jeunesse, notamment l'éducation aux valeurs, au sens de l'effort et du travail ; de s'opposer à l'enrôlement des enfants dans l'armée et les milices et d'assurer leur intégration après la démobilisation.

8. à la jeunesse de nos trois pays de refuser résolument tout ce qui conduit aux guerres et aux conflits et de rechercher ardemment tout ce qui contribue à la paix ;

9. à tous les acteurs de la vie sociale d'œuvrer pour la promotion des liens naturels de fraternité et d'amitié, conditions de compréhension et de meilleure collaboration entre nos peuples. Ainsi se développeront le rapprochement culturel et la solidarité en vue de soutenir les plus pauvres, notamment les veuves, les orphelins, les handicapés et les déplacés de guerre ;

10. à tous les acteurs de la vie économique d'améliorer la qualité de vie de nos populations, remettre nos pays au travail, recréer les conditions d'un développement intégral et durable, compte tenu des conditions actuelles de la mondialisation. Que l'exploitation des ressources des pays se fasse pour l'intérêt des peuples.

11. à la communauté internationale d'envisager, une conférence internationale sur les États des Grands Lacs de l'Afrique, afin de résoudre le problème de la sous-région de manière globale ; de donner une suite aux recommandations des experts des Nations Unies concernant l'exploitation illégale et le pillage des ressources naturelles des Pays des Grands Lacs.

En dehors de ces recommandations de l'ACEAC pour l'ensemble de notre région, les Conférences Épiscopales de chacun de nos pays pourront, avec confiance et grande espérance, adresser aux dirigeants de leurs États respectifs, aux fidèles et à tous les hommes de bonne volonté, des messages et des recommandations appropriés selon les besoins et les circonstances du moment.

Nous formons le vœu que les Chefs de nos États, et les dirigeants politiques à tous les niveaux arrêtent les guerres et entreprennent, dans un proche avenir, des initiatives concrètes en vue de créer les conditions et les structures institutionnelles d'intercommunications et d'échanges sur le plan économique et humain, à l'instar de ce qu'a pu constituer dans le passé -dans ses aspects positifs - la Communauté Économique des Pays des Grands Lacs, CPGL en sigle, même en changeant son appellation pour l'adapter à la situation nouvelle.

DECISIONS

16. Nous décidons :

· de consacrer, chaque année, le 1er Dimanche de l'Avent à la prière et à la réflexion sur le pardon, la réconciliation et la paix, dans toutes les communautés chrétiennes de l'ACEAC;
· de célébrer chaque année, à la date convenue par chaque Conférence Épiscopale, une Eucharistie pour l'avènement de la paix dans la sous-région ;
· de créer au sein des communautés ecclésiales vivantes et dans les paroisses un service spécifique pour la réconciliation et la résolution des conflits ;
· d'initier des concertations avec les frères chrétiens et les croyants des autres religions de chacun de nos trois pays en vue d'une action œcuménique et inter-religieuse pour la paix durable dans la sous-région d'Afrique des Grands Lacs.

17. Enfin, Nous, Évêques membres de l'ACEAC, avons la joie de vous annoncer qu'en 2004, année du dixième anniversaire de la tenue à Rome des assises mémorables du Synode spécial pour l'Afrique autour du Pape Jean-Paul II, nous vous adresserons une exhortation pastorale sur : L'Église comme Famille de Dieu en Afrique Centrale et sa contribution au développement intégral et harmonieux de notre sous-Région.

Conclusion : Nous confions nos engagements et notre projet à la Vierge Marie, Notre Mère et Reine de la Paix.
Fait à Kigali, le 17 mai 2002.

ANNEXE II : Texte du CIL[236]

Contribution du Conseil interdiocésain des laïcs (Belgique) au débat sur la place des femmes dans l'Église

L'Assemblée Générale du CIL du 8 décembre 2001 a décidé de diffuser le présent texte comme une contribution à un débat nécessaire. Ce débat est commencé et du sein même du CIL, diverses sensibilités se sont déjà manifestées, même si un consensus existe quant à la nécessité et l'urgence de modifier la situation des femmes dans l'Église.

PRÉAMBULE

Par les sujets qu'elle aborde, la réflexion qui suit se propose comme une étape dans un processus historique dont personne ne peut dire le dernier mot. La problématique des femmes dans l'Église catholique [1] renvoie d'abord à la place des femmes dans la société. Ce qui en sera dit paraîtra peut-être banal à certain-e-s[2] alors que cela en choquera peut-être d'autres, selon les sensibilités à l'œuvre dans l'environnement ecclésial de chacune et chacun. Nos communautés chrétiennes sont traversées par des sensibilités différentes qui ont parfois du mal à rester en dialogue : sensibilités *classiques* attachées au respect inconditionnel de l'Autorité et de la Tradition, sensibilités *réformistes* des personnes qui font le pari de changer de l'intérieur l'institution ecclésiale, entre autres pour que les genres féminin et masculin y trouvent pleinement leur place ; sensibilités *dissidentes* des

[236] Nous avons pris ce texte sous sa forme telle que trouvée en ligne : *http://www.culture-et-foi.com/critique/cil.htm* (Consulté le 16 mai 2013).

personnes qui vivent leur foi en communauté, mais à distance d'une institution qui leur semble avoir trahi les idéaux évangéliques et en particulier l'originalité de Jésus dans ses relations avec les deux genres de l'humanité. C'est néanmoins dans le cadre institutionnel de l'Église catholique que toutes ces personnes ont d'abord eu la possibilité de rencontrer Jésus.

Voilà pourquoi ce texte s'appuie non seulement sur les expériences personnelles, mais aussi, notamment, sur des textes de théologiennes et de théologiens, de biblistes, d'évêques. Ces quelques pages, qui ne prétendent ni à l'exhaustivité ni à une fusion illusoire de tous les points de vue, ont comme seule ambition de provoquer au sein des communautés chrétiennes qui accepteront de les lire, une réflexion qui s'inscrira dans un projet en chantier depuis deux mille ans :

« Une église [3] servante plutôt que puissante,
une église pauvre plutôt que pleine de privilèges,
une église féconde plutôt qu'efficace,
une église libératrice plutôt que bienfaitrice,
une église disciple de l'humanité plutôt qu'enseignante,
une église fraternelle/sororale plutôt que hiérarchique,
une église minoritaire plutôt que de masse,
une église sacrement de l'unité de l'humanité plutôt qu'une église-chrétienté »[4],
bref - une église des femmes et des hommes.

Or, le combat des femmes dans les Églises fait partie du combat des femmes pour la justice dans la société, puisque les Églises sont une des composantes culturelles de celle-ci.

Dans la société, de manière générale, « une femme ne peut prétendre aux mêmes droits qu'un homme sinon en se neutralisant elle-même »[5]. Les femmes ont été et sont encore nombreuses à être reproductrices des formes culturelles de domination du sexe masculin. L'égalité théorique des droits est loin d'être acquise dans la pratique. On retrouve aisément l'image de prépondérance masculine à travers les médias soulignant la présence des hommes à tous les postes directeurs des affaires politiques et économiques. À l'inverse, la publicité et la presse dite féminine reproduisent les stéréotypes machistes à propos des femmes. L'éducation et l'enseignement diffusent aussi certains clichés similaires. Le plus souvent, le langage ne nomme pas les femmes dans l'expression du genre humain (on préfère dire, par exemple, « les hommes » pour « les femmes et les hommes », ou « les droits de l'homme » pour « les droits humains »).

Grâce à la force libératrice de l'Évangile, on pouvait espérer que l'Église jouerait un rôle prophétique pour dénoncer l'oppression millénaire faite aux femmes et pour promouvoir l'égalité entre hommes et femmes. Or, l'institution a enterré très tôt l'originalité majeure, sinon unique, de Jésus, qui est la reconnaissance et la promotion des différences, notamment celle des sexes. Elle a trop souvent entériné l'injustice de la société civile. A partir du 19e siècle et jusqu'à présent, elle est même à la traîne alors qu'elle devrait être à l'avant-garde. À l'heure actuelle, elle semble ne pas voir que les femmes ont pris leur vie en main. Malgré ce mouvement irréversible, elle prétend toujours leur assigner leur place, en oubliant qu'il faut deux genres pour faire le monde. Ainsi, quand on parle de féminin et de masculin, il est important de présenter la relation qui existe entre les deux et qui est reflétée par le *genre* [6]. « Le sexe est un état de fait mais le genre est culturellement et socialement construit [7]. »

Pour étudier la façon dont le genre est mis en œuvre dans l'Église, il sera fait appel à trois expériences fondamentales que chacune et chacun est appelé-e à vivre : l'expérience du SACRÉ, *celle de la SEXUALITÉ et celle du POUVOIR.*

Ces trois expériences sont tributaires du LANGAGE lui-même souvent dominé par le masculin.

1° LE SACRÉ

Le sacré se caractérise par un sentiment de fascination et de respect face à des événements qui nous font faire silence car ils parlent de ce qu'il y a de plus profond dans notre histoire. Comme l'exprime l'auteur de l'épître aux Hébreux, le sacré ne procède ni de lieux ni de sacrifices, mais de l'engagement dans l'histoire humaine [8].

Jésus lui-même est venu briser le voile du Temple, dépasser les distinctions sacré/profane, permis/interdit, pour instaurer un partage fraternel et sororal et la prééminence de l'amour.

Mais l'organisation religieuse du sacré introduit très tôt une première perversion qui fait de Jésus le garant du système qu'il a combattu, un système d'exclusion des femmes. Les catégories dépassées par Jésus sont réinstaurées : une hiérarchie (masculine), souvent alliée des systèmes politiques de domination, gouverne un peuple de mineur-e-s ; les femmes sont écartées de la présidence du geste eucharistique sur base d'arguments théologiques de plus en plus contestés. Elles deviennent alors des profanes par définition.

Comment redéfinir le sacré ? La fonction qui lui a été donnée – d'exclusion, de coupure, d'instrument d'un pouvoir qui discrimine et qui écrase – a beaucoup marqué nos expériences. Le sacré ainsi présenté fait barrière à tout changement, interprété comme « sacrilège ». Mais le sacré n'est-il pas présent dans des personnes, des relations, des valeurs, dans la vie, dans le bien que les humains se font l'un à l'autre, dans l'autre comme tel ? Tout ce qui a à voir avec l'humain a à voir avec Dieu et réciproquement.

2° LA SEXUALITÉ

Ève fut, comme Adam, créée par Dieu à son image mais, récupérée par les interprétations machistes, elle devint le mythe fondateur de l'infériorité de la femme, celle par qui le mal arrive. En contrepartie Marie est devenue_la figure féminine à laquelle nulle femme ne peut s'identifier (vierge et mère), et dont les vertus restent proposées en modèle par le pape Jean-Paul II : pas de « revendication orgueilleuse », d'« ambitions personnelles » ou de « fausse conception de la liberté », mais un « humble service » [9]. Mais où est Marie, celle qui chante fièrement dans le Magnificat la libération des femmes et des pauvres par Dieu amour ?

L'histoire de l'Église montre la méfiance vis-à-vis de la femme considérée comme séductrice, impure, inférieure. Sa place est à la maison et elle doit obéissance à l'homme. Elle doit se soumettre à la morale officielle concernant la sexualité. Le magistère prétend en particulier imposer sa loi en matière de fécondité. Il consacre le pouvoir de clercs célibataires diffusant une morale de règles et d'interdits. De ce fait certaines prises de position éthiques dans les champs social, économique et politique s'en trouvent laissées de côté.

Dans la réflexion théologique des dernières années on peut repérer quatre modèles de rapport homme/femme :

1° le modèle de la subordination (ou modèle patriarcal).

2° le modèle de la complémentarité (les deux sexes sont égaux mais différents ; attention aux caractéristiques dites féminines, dévalorisées par rapport à celles dites masculines).

3° un modèle d'émancipation ou d'égalité abstraite qui consiste pour chaque être humain à se libérer des rôles fixes (mais la masculinisation de la société, déjà présente par l'infériorisation des femmes, pourrait se trouver

renforcée si les femmes se contentent d'une imitation du modèle masculin pris comme référence pour un statut égalitaire)
4° un modèle transformiste qui se cherche, visant la personne en tant que telle et engageant la transformation de la société entière[10].

3° LE POUVOIR

« Chacun exerce tout le pouvoir dont il dispose » (Thucydide). Mais le pouvoir n'est pas négatif en soi, tout dépend de la manière dont il s'exerce : tenté au désert par l'abus de pouvoir, Jésus nous invite à exercer le pouvoir comme un service. Nous savons par ailleurs que, travesti en service, le pouvoir peut induire les pires dominations. Cette idéologie a coûté cher aux femmes.

La brèche ouverte par Jésus, à travers l'égalité relationnelle et le partage, a vite été refermée par une théologie qui représente un Dieu masculin, tout-puissant, et de ce fait renforce les pouvoirs des clercs. « Si Dieu est mâle, alors le mâle est Dieu » [11]. D'autant plus fort qu'il est camouflé et prétendument pratiqué « au nom de Dieu », le pouvoir religieux de type patriarcal cache une violence radicale vis-à-vis des femmes : il impose et justifie l'expérience masculine comme norme, ainsi que des stéréotypes sans fondement théologique sérieux sur le masculin et le féminin. Dans l'Église, le pouvoir de décision appartient à des hommes célibataires dont la légitimité est, dans les faits, celle qu'ils s'octroient mutuellement. Cela signifie que non seulement l'ensemble des femmes, mais aussi la plupart des hommes subissent une forme de discrimination à l'intérieur de ce modèle institutionnel. Cela signifie aussi que l'institution se prive d'une part importante de l'humanité et d'une image de Dieu apportée par les femmes.

C'est probablement « à la base » que les choses pourront évoluer. Cela ne sera facile ni pour beaucoup d'hommes – spécialement certains prêtres, bousculés dans leur « raison d'être » – ni pour beaucoup de femmes, car elles n'ont pas été éduquées à prendre toute leur place avec d'autres dans l'Église comme dans la société.

Or, l'Église rassemble des femmes et des hommes qui croient en Jésus. Celui-ci nous a appelé-e-s à annoncer la Bonne Nouvelle, mais il n'a pas fondé de religion. Ce sont les disciples, puis leurs successeurs au long des siècles, qui ont pris en charge l'organisation d'un culte dont la présidence fut réservée au sexe masculin. Ils ont construit une théologie en l'étayant par des références aux paroles de Jésus telles qu'eux-mêmes les interprétaient. Ils ont produit au fil du temps le modèle hiérarchique qui aujourd'hui doit changer dans ses relations, ses contenus et les comportements qu'il induit. Si les changements se résumaient à attribuer aux femmes les mêmes rôles qu'aux hommes dans l'Église, cela aurait pour effet d'occulter le véritable enjeu : le sens des ministères et de la théologie qu'ils servent.

4° PRISE DE PAROLE ET LANGAGE

La hiérarchie catholique prétend parler au nom du Christ, voire de Dieu ; elle a peur de la parole des femmes ; le plus souvent jusqu'il y a peu, ce sont des clercs – hommes – qui ont parlé des femmes, au nom des femmes, aux femmes en leur disant ce qu'elles étaient, ce qu'elles devaient être et faire. Les textes officiels de l'Église catholique refusent la prise de parole des femmes. Les théologies féministes ne sont pas prises en compte. La voix du magistère reste à 100% masculine [12]. Or, les femmes ont assurément *leur* parole à faire entendre par exemple en matière de morale personnelle (sexuelle) et de relations, tout comme en matière de morale sociale, de justice, de paix, d'écologie, etc. Les théologies féministes, qui existent aujourd'hui dans beaucoup de religions, remettent en cause la prétendue supériorité masculine, mais ne se posent pas en rivales : elles apportent un regard différent et dès lors enrichissant, tout en partant de la réalité et en particulier de l'expérience des femmes, dont la référence devrait être aussi normative que celle de l'expérience masculine.

Le langage est un moyen subtil pour maintenir une situation acquise en même temps qu'une injustice continuelle : la non-reconnaissance de la place et de l'influence des femmes dans la transmission de la foi, sans lesquelles l'Église ne serait peut-être déjà plus là !

De plus « son » langage prétend définir une vérité qu'elle détiendrait seule, à un point tel qu'il ne parle plus au monde d'aujourd'hui, en recherche de sens, d'engagement, de participation, d'égalité et de fraternité-sororité. Outre les femmes, que peuvent penser les jeunes ou le monde ouvrier du langage clérical ?

Prendre la parole est déjà une manière d'agir, mais le langage est d'autant plus signifiant qu'il s'allie à des actes concrets. D'autre part, le langage est reconnu comme interactif avec la pensée dans l'élaboration du sens et la formation de l'identité ; il suppose et induit une manière d'appréhender le monde. En ce sens, le langage au masculin est exclusif ; le combat pour le langage inclusif [13] implique une volonté de changement en désignant ce qui, jusqu'ici, n'était pas nommé : le genre féminin, habilement « sous-entendu » ou carrément escamoté.

« Le langage inclusif, signe des temps lié au changement du rôle des femmes dans la société, manifeste la conviction ecclésiale de l'égalité entre les hommes et les femmes et l'intelligence chrétienne d'un message évangélique de non-discrimination, à l'image de l'harmonie originelle de la création. »[14]

EN GUISE DE CONCLUSION

Confronté-e-s à l'attitude de l'Église catholique vis à vis des femmes, des hommes et des femmes éprouvent un sentiment très fort. Un sentiment d'indignation éthique et de colère parce que l'Église continue à notre époque à traiter les femmes comme des « citoyennes » de seconde zone et se prive ainsi de leur participation responsable. Elle oublie les nombreuses fois où le Christ s'est insurgé et s'est mis en colère contre des attitudes scandaleuses de la religion de son temps. Cette attitude de l'Église met en jeu ce qu'il y a de sacré dans l'histoire humaine : l'histoire du salut et de la libération des oppressions.

---

[1] Les membres du CIL ne peuvent prétendre s'exprimer au nom des autres Églises chrétiennes mais dans le but d'alléger le texte, l'adjectif *catholique* ne sera plus mentionné même s'il reste implicite. Par ailleurs si le CIL s'adresse en premier lieu aux communautés chrétiennes de Wallonie-Bruxelles, la réflexion ici proposée est adaptable à d'autres contextes car il y a des éléments universels dont tout chrétien doit être solidaire.

[2] Le thème de ce document entraîne naturellement que l'on opte pour le langage dit "inclusif" c-à-d qui indique explicitement les deux genres. Ce langage marque une volonté de ne plus se limiter à sous-entendre le féminin. Il est fait appel à la compréhension active des lecteurs ou lectrices que cette pratique pourrait irriter.

[3] Dans cette citation, dont le caractère abrupt est stimulant, l'emploi volontaire de la minuscule au mot "église" s'accorde avec la dimension de service et de simplicité proposée par l'auteur.

[4] DE OLIVEIRA Mario, dans « *Femmes dans l'Église* » in Jornal Fraternizar, Portugal, mars 2000.

[5] IRIGARAY Luce, citée par Patricia NIEDZWIECKI dans « *Le langage au féminin* » Paris, Labor 2000, p 108.

[6] Le mot GENRE est la traduction de l'anglais "gender". Ce terme, diffusé depuis une dizaine d'années en français, veut mettre en évidence le fait que les rôles féminins ou masculins ne sont pas seulement définis par le sexe (caractères biologiques) mais sont le résultat des conditions de production et de reproduction dans chaque société. Les rôles joués par les hommes et les femmes ne sont pas les mêmes dans toutes les sociétés : les relations entre les hommes et les femmes vont varier en fonction des caractéristiques culturelles de la société. Cependant ces relations ne sont pas figées, elles évoluent et peuvent changer dans le temps. Elles évoluent différemment suivant les situations sociales et économiques.

L'approche par le genre permet de mettre en évidence les différentes fonctions assurées par les unes et les autres. Elle montre que les différences ne sont pas seulement biologiques (sexuelles) mais qu'elles sont également le résultat de constructions sociales et culturelles. Le concept de genre ne cible pas les femmes comme un groupe à part. Il s'intéresse aux rapports sociaux entre les sexes, à leurs interactions, et met en évidence les constructions sociales des rôles féminins et masculins ainsi que la hiérarchie qui marque cette forme de relations. L'analyse de genre met l'accent sur les droits à l'accès et au contrôle des ressources (naturelles, économiques, socio-culturelles) et les droits sociaux, l'accès au pouvoir et l'autonomie " (tiré d'une brochure éditée par *Le monde selon les femmes,* rue de la Sablonnière, 18 à 1000 Bruxelles)

[7] Brochure "Elle et Lui, deux genres pour faire un monde" publiée par Entraide et Fraternité/Vivre Ensemble, campagne 2001et 2002.

[8] HEBREUX 10,6-7
[9] Voir Audience Générale du 6/12/1995 : « Le rôle de la femme à la lumière de Marie », Documentation Catholique 2130, p.58.
[10] Sur les quatre modèles de rapport homme/femme, voir Pierre MOURLON-BEERNAERT, « *Les visages féminins de l'Évangile* », édition Lumen Vitae, 1992.
[11] DALY Mary, dans « *Si Dieu était une femme* », dossier de La Libre Essentielle, Bruxelles, 16 & 17/12/2000, p.16.
[12] DONDERS Dirkje, « *La voix tenace des femmes* », Thèse de Théologie, Université catholique de Nijmegen, Pays-Bas 1997.
[13] voir note 3.
[14] CONFÉRENCE EPISCOPALE DU CANADA, « *Un langage nouveau pour la communauté chrétienne* », 1983.

BIBLIOGRAPHIE

Bible

Bible de Jérusalem, Nouvelle édition entièrement revue et augmentée, Paris, Cerf, 1973.

Dictionnaire

Le Petit Larousse illustré 1998 en couleur, Edition entièrement nouvelle, Larousse-Bordas, 1997.

Ouvrages

AWAZI MBAMBI KUNGUA B., *Le Dieu Crucifié en Afrique. Esquisse d'une Christologie négro-africaine de la libération holistique*, L'Harmattan, Paris, 2008.

Id., *Dieu et l'Afrique. Une approche prophétique, émancipatrice et pluridisciplinaire*, Paris, L'Harmattan, 2016.

Id., *Panorama de la Théologie Négro-Africaine Contemporaine*, L'Harmattan, Paris, 2002.

Id., « *L'axe de la théologie féministe* », in : *Panorama des Théologies négro-africaines anglophones*, L'Harmattan, Paris, 2008.

BENOIT XVI, *Lumière du monde. Le pape, l'Église et les signes des temps. Un entretien avec Peter Seewald*, Paris, Bayard, 2011.

CIL, *L'Église quand même. À l'écoute du Peuple de Dieu*, éd. Fidélité, Namur, 2011.

COUTURE D. (Dir.), *Les femmes et l'Église*, Montréal, Éditions Fides, 1995.

DE MATTEO M.A. et AMHERDT Fr.-X., *S'ouvrir à la fécondité de l'Esprit. Fondement d'une pastorale d'engendrement*, Ed. Saint Augustin, saint Maurice, 2009.

GAUCHET M., *Le désenchantement du monde. Une histoire politique de la religion*, Paris, Gallimard, 1985.

Id., *Les trois âges de la personnalité*, in *La démocratie contre elle-même*, Gallimard, 2002, p. 250-255.

GUINAMARD L., *Survivantes. Femmes violées dans la guerre en République Démocratique du Congo*, éditions de l'Atelier, Paris, 2010.

FARGNOLI V., *Viol(s) comme arme de guerre*, L'Harmattan, Paris, 2012.

IRIGARAY L. (coll.), *Le souffle des femmes*, ACGF, Paris, 1996.

JACOB P., *Appelé-es aux ministères ordonnés*, Novalis, Université Saint Paul, 2007.

JEAN-PAUL II, *Lettre apostolique Ordinatio sacerdotalis*, 1994.

LEGENDRE O., *Confession d'un cardinal*, Éditions Jean-Claude Lattès, 2007.

MASANGA MAPONDA A. (Dr), *Dieu peut-il changer l'Afrique ? Les nouvelles théologies africaines de la transformation sociale*, Collection « *L'Afrique qui change* », Presses universitaires de Boma, Boma, 2013.

KA MANA G., *Panorama de la théologie négro-africaine contemporaine*, L'Harmattan, Paris, 2002.

Id., *L'Afrique va-t-elle mourir ? Bousculer l'imaginaire africain. Essai d'éthique politique*, Cerf, Paris, 1991.

Id., *Théologie africaine pour temps de crise. Christianisme*

et Reconstruction de l'Afrique, Karthala, Paris, 1993
Id., *La Mission de l'Église africaine. Pour une nouvelle éthique mondiale et une civilisation de l'espérance*, CIPCRE-CEROS, Bafoussam (Cameroun), 2005.
MBEMBE A., Sortir de la grande nuit. Essai sur l'Afrique décolonisée, La découverte, Paris, 2010.
MONBOURQUETTE J., *Comment pardonner. Pardonner pour guérir. Guérir pour pardonner. Nouvelle édition revue et corrigée*, Novalis/Centurion, Ottawa, 1992.
NKULU KABAMBA, O., *La modernisation du pouvoir dans l'Eglise catholique : défi et atout pour la nouvelle évangélisation*, Paris, L'Harmattan, 20015.
PREVOST M. & LACROIX R., *Pardonner est-ce possible ?* éd. de l'Atelier/ éd. Ouvrières, 2007.
RONDET M., *l'Esprit, espérance d'une Église en crise*, Paris, Bayard, 2011.
SAIDI NGONGO LUTETE, *Le Maniema : le premier État islamique au cœur de l'Afrique : dix ans avant la création de l'État indépendant du Congo par la Conférence de Berlin en 1885*, volume 1, Éditions saidi ngongo lutete, Kinshasa, 2008.
SANTANER, M.-A., *Homme et pouvoir, Église et ministère, coll. La vie des hommes*, Paris, Les éditions ouvrières, 1980.
SINGLES D., *L'Homme débout. Le credo de saint Irénée*, Paris, Cerf, 2008.
SOUPA A., *Dieu aime-t-il les femmes ?* Paris, Médiapaul, 2012.
SOUPA A. et PEDOTTI C., *Les pieds dans le bénitier, Paris, Presse de la renaissance*, 2010.
TSHIBILONDI NGOYI, A., *Enjeux de l'éducation de la femme en Afrique - Cas des femmes congolaises du Kasaï*, Paris, L'Harmattan, 2005.

Revues

AWAZI MBAMBI KUNGUA B. (dir.), *Les Intellectuels africains au Canada : Missions, Figures, Visions et Leaderships*, in *Afroscopie* V/2015.

Id., *Dieu et l'Afrique. Une approche prophétique, émancipatrice et pluridisciplinaire*, in *Afroscopie* VI/2016.

Id., *Leadership Féminin et Action politique. Le cas des communautés africaines du Canada*, in *Afroscopie* IV/2014

BASILE J., *La nouvelle culture*, in « *Viens t'en* », n° 25 (1970).

BUJO A., *Ce que l'on pourrait attendre du 2e Synode pour l'Afrique*, in *HEKIMA* 41 (2009).

CAMILLA M., *Des femmes « actrices » à part entière*, in *Spiritus*, 180 (septembre 2005).

COQ G., La *crise de notre rapport au temps*, in *Faire mémoire pour agir. Cahiers de l'atelier*, N° 520(Janv. Mars 2009).

DECHAMPS M., *Violences sexuelles en RDC, un poison lent*, in *Dialogue*, 243 (2008).

D'URSEL O., *Les femmes dans le ministère*, in *Pro mundi vita*, 50 (1974).

JOACHIN A., *Donner la parole aux sujets souffrants. Un défi éthique pour Haïti*, in *Revue d'éthique et de théologie morale*, 264 (juin 2011).

NGALULA J., *Violences sexuelles faites à la femme : qu'en disent les Écritures ?* in *Telema*, 1-4 (janv.-déc.2008).

WESSA F., *Les pratiques coutumières : atout ou entorse dans la répression des violences sexuelles ?* in *Recherches africaines*, 28 (décembre 2010)

Cours et travaux

KIBUNGU D., *La destruction du lien de tradition : attentat et/ou chance au processus de transmission ? Une relecture de « La crise de notre rapport au temps » de Guy Coq*, (inédit), travail d'approfondissement présenté dans le cadre du Cours d'*Évangélisation, inculturation et transmission de la foi*, Bruxelles, Lumen Vitae, février 2012.

TSHIBILONDI NGOYI A., *Genre, sociétés et développement. Participation des femmes au développement*, Bruxelles, Lumen Vitae, 2013, notes de cours.

Documents d'Église

LES ACTES DU CONCILE VATICAN II, *Textes intégraux des Constitutions, Décrets et Déclarations promulgués*, Paris, Cerf, 1996.

A.C.E.A.C., *Contribution de l'Église catholique au processus de paix dans la sous-région des Grands Lacs. " Recherchons ... ce qui contribue à la paix" (Rm 14,19)"*, Kigali, 2002.

Documents électroniques

A.C.E.A.C., *Message de la VI ème Assemblée Plénière de l'ACEAC aux fidèles catholiques de la sous-région des Grands Lacs et aux hommes de bonne volonté,* Kigali du 13 au 18 mai 2002, in *http://www.mafrome.org/aceac.htm*(Consulté le 2 juillet 2013).

ALBERT B. et BERCK A.-S., *Faire parler, le pouvoir des récits dans la lutte contre l'impunité,* in *http://www.justicepaix.be/?article39* (consulté le 12 avril 2013).

Amnesty International défend les droits des femmes violées par la guerre, in *http://www.voxyo.fr/savoir-univers-02.htm* (consulté le 3 juillet 2013).

AUBERT J.-M., *La Réalité humaine : hommes et femmes ensemble. La Femme : Antiféminisme et Christianisme,* in *www.womenpriests.org/fr/francais/aubert05.asp* (Consulté le 31 avril 2013).

BRETON G., *Mettre fin à l'indifférence ! Les violences sexuelles dans les conflits armés de 1993 à 2003 en République démocratique du Congo,* in *http://publications.gc.ca/collections/collection_2011/dd-rd/E84-28-2011-fra.pdf(*consulté le 12 avril 2013).

BOUVY A., *Le viol comme tactique de guerre. Le cas de la République Démocratique du Congo. Commission Justice et Paix belge francophone*, asbl : *Analyse 2007*, in *http://www.justicepaix.be/article39* (consulté le 28 janvier 2013).

CIL, *Contribution du Conseil Interdiocésain des Laïcs (Belgique) au débat sur la place de la femme dans l'Église*, in *http://www.culture-et-foi.com/critique/cil.htm* (Consulté le 3 juillet 2013).

CLOUTIER C., *La femme adultère. La déroute des pharisiens*, in *http://www.catechese-ressources.com/la-femmeadultere* (Consulté le 8 juillet 2013).

CONFÉRENCE ÉPISCOPALE NATIONALE DU CONGO, *Mémorandum au Secrétaire Général des Nations Unies,* Kinshasa, le 14 février 2004, in *http://www.grandslacs.net/doc/3237.pdf* (consulté le 29 mars 2013).

CONGRÉGATION POUR LA DOCTRINE DE LA FOI, *Déclaration Inter Insigniores sur la question de l'admission des femmes au sacerdoce ministériel,* in *www.vatican.va/.../rc_con_cfaith_doc_...nsigniores_fr.htm* (Consulté le 4 juillet 2013).

DIRKJE D., *La voix tenace des femmes, Thèse de Théologie, Université catholique de Nijmegen, Pays-Bas 1997*, in *http://www.culture-et-foi.com/critique/cil.htm* (consulté le 3 juillet 2013).

Discours de Mgr Romeo prononcé lors de la réception du doctorat Honoris Causa, le 2 février 1980 à l'Université de Louvain, in *http://perspective.usherbrooke.ca/bilan/servlet/BMDictionnaire?iddictionnaire=1679* (Consulté le 13 juillet 2013).

Discours de son Excellence Monsieur Alexis Thambwe Mwamba ministre des Affaires étrangères au débat général de la 64e session ordinaire de l'Assemblée générale des Nations unies, New York, le 28 septembre 2009, in *http://responsibilitytoprotect.org/CD_fr.pdf* (Consulté le 2 juillet 2013).

FROMONT M., *La femme adultère,* in *http://rene.cougnaud.free.fr/femmesdelabible/Fiches/comfemadult html* (consulté le11 juillet janvier 2013).

FOSSION A., *Annonce et proposition de la foi aujourd'hui. Enjeux et défis*, in *www.portstnicolas.org/.../article3927*(consulté

le 3 juillet 2013).

HERNÁNDEZ E.-L., *L'apport des Indiens à la cinquième Conférence générale de l'épiscopat latino-américain et caribéen*, in *http://www.alterinfos.org/spip.php?article798* (consulté le 2 mars 2013).

Introduction de la Session 2005 de Semaines Sociales en France : "Transmettre, partager des valeurs, susciter des libertés", in *http://monsegur33.over-blog.com/article-4637233.html* (consulté, le 28 mars 2013).

KIMANI M., *Les femmes du Congo face aux séquelles des viols. La situation dramatique des rescapées de la guerre et de la violence sexuelle*, in *http://africabawatu.blogspot.be/2012/02/les-femmes-du-congo-face-aux-sequelles.html* (Consulté le 11 juillet 2013).

MANTOUX S., *République Démocratique du Congo : Chronique d'une guerre sans fin ? (part.1)*, in *http://www.agoravox.fr/actualites/international/article/republique-democratique-du-congo-63954*(Consulté le 2 juillet 2013).

M.M.F., E*n marche, jusqu'à ce que toutes les femmes soient libres,* in *http://www.mmffrance.fr/documents/2010Bulletin07.pdf* (Consulté le 13 mai 2013).

MOINGT J., *la condition des femmes dans l'Église d'aujourd'hui,* conférence du 2 avril 2011, in *http://familleignatiennelyon.fr/wpcontent/uploads/2011/04/110402-Texte-Les-femmes-et-lEglise.pdf*(Consulté le 3 juillet 2013).

MUSILA C., *Femmes violées dans les conflits de la région africaine des Grands Lacs. De l'exclusion communautaire à la réhabilitation socio-économique*, Goma, Nord-Kivu, mars 2010, in *http://www.irenees.net/en/fiches/defis/fiche-defis-260.html* (consulté le 28 janvier 2013).

MUTEBA F., *Droit de réponse au communiqué de presse incriminant Mgr Mambe,* in *http://repositories.lib.utexas.edu/bitstream/handle/2152/5766/3034.pdf?sequence=1* (consulté le 3 juillet 2013).

MWIRA M., *La Paix à l'Est de la République démocratique du Congo*, Goma, novembre 2007, in *www.irenees.net/.../bdf_fiche-analyse778_fr.html* (Consulté le 2 juillet 2013).

RÉPUBLIQUE DÉMOCRATIQUE DU CONGO, *Document de la stratégie de croissance et de réduction de la pauvreté*, juillet 2006, in *http://siteresources.worldbank.org* (Consulté le 14 juillet 2013).

ROSA J-P., *L'Église. La foi chrétienne à l'épreuve de la transmission. Compte-rendu de la Session 2005 de Semaines Sociales en France*, in *http://www.ssffr.org/offres/file_inline_src/56/56_P_20520_1.pdf* (consulté, le 28 mars 2013).

SANTEDI L., *Perspective d'une théologie de l'invention*, cité dans *Reconquérir l'Évangile dans la culture africaine*, in *http://www.ademis.org/pop/synode_santedi.htm* (Consulté le 12 mars 2013).

TUNC S., *Féminité et Ministère,* in *http://www.womenpriests.org/fr/francais/tunc12.asp* (Consulté le 31 avril 2013).

http://www.voxyo.fr/savoir-univers-02.htm (consulté le 3 juillet 2013).

http://www.freemag.fr/amnesty-international-s686254.htm(consulté le 3 juillet 2013).

http://monsegur33.over-blog.com/article-4637233.html(consulté, le 28 mars 2013).
http://www.culture-et-foi.com/coupsdecoeur/livres/olivier_le_gendre.htm (consulté le 12 mars 2012).
www.oikoumene.org/.../les-eglises-apport...es-de-viols-en-rdc (Consulté le 3 juillet 2013).
www.theovie.org/.../Violence-de-quoi-parle-t-on/Textes-bibliques (Consulté le 4 juillet 2013).
https://publichealth.stonybrookmedicine.edu/phpubfiles/INCS_Congo_Brief_French_0.pdf(consulté le 3 juillet 2013).
http://www.jeuneafrique.com/308280/societe/rd-congo-capitale-mondiale-du-viol-vraiment/(consulté le 3 juillet 2013).
http://www.onuci.org/pdf/re%201820.pdf(consulté le 3 juillet 2013).
http://www.acj.be/viens_t_en_25.htm (Consulté le 3 juillet 2013).

TABLE DES MATIERES

Préface de Benoît Awazi Mbambi Kungua..............vii
Dédicace..xxi
Remerciements...xxiii
Sigles et Abréviations..................................xxix

1.Introduction..1
1.1. Cas de Sylvie : viol, début du commencement de son calvaire..1
1.2. RD Congo, « Capitale mondiale du viol » !..............2
1.3. Nécessaire tournant féminin et féministe pour la théologie africaine postcoloniale..........................5
1.4. Quatre événements déterminants en amont du tournant féminin et féministe de la théologie africaine postcoloniale...8
1.5. Expérience pastorale au Québec.......................15
1.6. Montée en humanité et pour l'Église et pour les sociétés africaines..17
1.7. Structuration de l'ouvrage............................23
2. Problématique...27

CHAPITRE I. Les femmes victimes de la guerre et la pastorale de l'Église à leur égard..........................31

1.0. Introduction..31
1.1. Les femmes victimes des atrocités d'une situation de guerre.......................................31
1.1.1. Le contexte des guerres et les enjeux géopolitiques...32
1.1.1.1. De la fin du règne de Mobutu aux guerres dites de libération (1993-2003)...................33
1.1.1.2. La première guerre dite de libération (1996-1997): la chute de Mobutu.................................37

1.1.1.3. La deuxième guerre dite de libération (1998-2003).....................................38
1.1.2. Le viol comme arme de guerre : pourquoi et dans quels buts ?.............................40
1.1.2.1. Le viol, une tactique de guerre 40
1.1.2.2. Causes et objectifs des viols 42
1.1.3. Conséquences des viols : Rejet des femmes, impunité des violeurs, destruction du tissu social.44
1.1.3.1. Destruction du tissu social...............................44
1.1.3.2. Rejet des violées et impunité des violeurs 47
1.2. La pastorale de l'Église dans cette situation de guerre...48
1.2.1. Les réactions et les positions de l'Église de l'Afrique Centrale...................................49
1.2.2. La pastorale de l'Église locale : une pastorale de l'obligation chrétienne du pardon : Ses réussites, ses échecs, ses insuffisances.........................52
1.2.3. Enjeux et défis pour la communauté chrétienne…54
1.3. Conclusion..57

CHAPITRE II « Homme et femme, il les créa ». Quelle est la place de la femme dans le monde et dans l'Église ?.......61

2.0. Introduction..61
2.1. Place de la femme dans le monde et dans l'Église selon le CIL.......................................67
2.1.1. Hommes et femmes dans l'Église, une égalité théorique..69
2.1.2. Dans la pratique, l'Église est plutôt à la traine et non à l'avant-garde.................................69
2.1.3. Deux genres pour faire le monde et l'Église........71
2.1.3.1. La mise en œuvre du partenariat homme-femme par rapport au sacré.....................................71
2.1.3.2. La mise en œuvre du partenariat homme-femme

par rapport à la sexualité.........................72
2.1.3.3. La mise en œuvre du partenariat homme-femme par rapport au pouvoir.........................73
2.1.4. Deux genres dans la prise de parole..................75
2.1.5. Deux genres dans le « langage inclusif » 76
2.2. Homme et femme, ensemble pour humaniser le monde et l'Église...77
2.2.1. Égalité de l'homme et de la femme et la question du sacré...77
2.2.2. Égalité de l'homme et de la femme et la question de la sexualité...80
2.2.3. L'égalité de l'homme et de la femme et la question du pouvoir...82
2.3. Conclusion..84

CHAPITRE III. Femmes debout pour une société et dans une Église justes et respectueuse.....................87

3.0. Introduction..87
3.1. Agir pour une aide d'urgence aux femmes violées...89
3.1.1. Accompagner les femmes violées doublement blessées...................................89
3.1.2. Un centre d'accueil, lieu d'écoute pour une aide psychologique ; des cadres préparant à une réinsertion sociale...................................92
3.1.3. Assister judiciairement les femmes violées.........94
3.2. Promouvoir des changements culturels, religieux et structurels dans la société................95
3.2.1. Conscientiser, éduquer et former des hommes et des femmes pour prévenir et empêcher les viols..96
3.2.2. Promouvoir un profond changement culturel et structurel..98

3.2.3. Lutter avec toute la communauté contre l'impunité..101

3.2.4. Renforcer le pouvoir économique des femmes...103
3.3. Promouvoir dans l'Église un esprit plus évangélique ouvert aux femmes..........................103
3.3.1. Conscientiser les communautés chrétiennes......104
3.3.2. Intégrer les femmes dans l'action pastorale.......104
3.3.3. Promouvoir la dignité commune de tous les baptisés..105
3.4. Conclusion..106
Conclusion générale..109
Annexe I Texte de l'ACEAC..113
Annexe II. Texte du CIL..123
Bibliographie..135
Table des matières..145

L'HARMATTAN, ITALIA
Via Degli Artisti 15; 10124 Torino

L'HARMATTAN HONGRIE
Könyvesbolt ; Kossuth L. u. 14-16
1053 Budapest

ESPACE L'HARMATTAN KINSHASA
Faculté des Sciences sociales,
politiques et administratives
BP243, KIN XI
Université de Kinshasa

L'HARMATTAN CONGO
67, av. E. P. Lumumba
Bât. – Congo Pharmacie (Bib. Nat.)
BP2874 Brazzaville
harmattan.congo@yahoo.fr

L'HARMATTAN GUINÉE
Almamya Rue KA 028, en face du restaurant Le Cèdre
OKB agency BP 3470 Conakry
(00224) 60 20 85 08
harmattanguinee@yahoo.fr

L'HARMATTAN CAMEROUN
BP 11486
Face à la SNI, immeuble Don Bosco
Yaoundé
(00237) 99 76 61 66
harmattancam@yahoo.fr

L'HARMATTAN CÔTE D'IVOIRE
Résidence Karl / cité des arts
Abidjan-Cocody 03 BP 1588 Abidjan 03
(00225) 05 77 87 31
etien_nda@yahoo.fr

L'HARMATTAN MAURITANIE
Espace El Kettab du livre francophone
N° 472 avenue du Palais des Congrès
BP 316 Nouakchott
(00222) 63 25 980

L'HARMATTAN SÉNÉGAL
« Villa Rose », rue de Diourbel X G, Point E
BP 45034 Dakar FANN
(00221) 33 825 98 58 / 77 242 25 08
senharmattan@gmail.com

L'HARMATTAN TOGO
1771, Bd du 13 janvier
BP 414 Lomé
Tél : 00 228 2201792
gerry@taama.net

Achevé d'imprimer par Corlet Numérique - 14110 Condé-sur-Noireau
N° d'Imprimeur : 136685 - Dépôt légal : mars 2017 - *Imprimé en France*

www.ingramcontent.com/pod-product-compliance
Lightning Source LLC
LaVergne TN
LVHW010912110826
845149LV00013B/2339